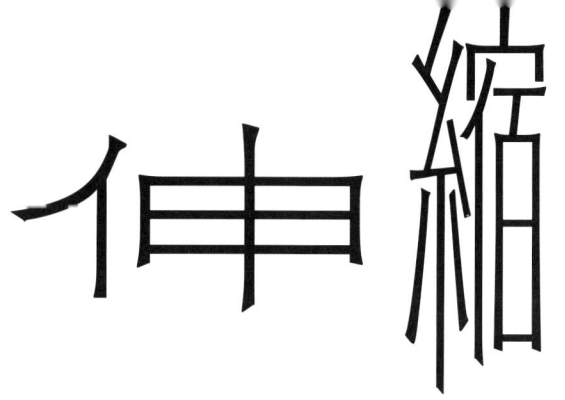

伸縮素材×ロックミシンの
シンプルウェア

TAGE & SÖN

高田　祐子

yuko takada

JN108426

文化出版局

この本では伸縮素材を使ったプルオーバーやパンツ、

カーディガンなど様々なバリエーションのアイテムを紹介しています。

ヨガに、エクササイズに、ワンマイルウェアとして。

スポーティなシーンや日常使いでも楽しめるラインアップをそろえました。

伸縮素材は質感がやわらかく、体の動きにフィットし、

とても着心地のよいおすすめの素材です。

あなたのライフスタイルに合ったアイテムを楽しみながら作ってみましょう。

contents

a + b

pullover   pants

how to make
a: p.42
b: p.44

a: ショートスリーブドレーププルオーバー
フロントに前飾り布のデザインを入れた半袖プルオーバー。中肉地の
ジャカードボーダーコットン天竺を使用しています。前飾り布の布目
をバイアスにし、柄の出方に変化と動きを出しました。

b: ロングワイドパンツ
ハイウエストデザインの腰回りをすっきりさせたワイドパンツ。ウエス
トはゴムテープを入れてはきやすくし配色リボンでアクセントを入れ
ました。

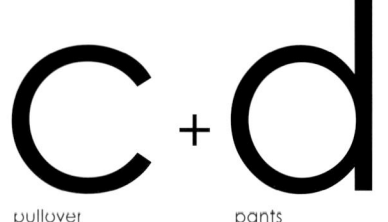

c + d

pullover   pants

how to make

c: p.47
d: p.48

c: ロングスリーブシアープルオーバー

やわらかな透け感の長袖プルオーバー。薄地のハイゲージシアーポリエステル天竺を使用しています。袖口と裾を裁切りにしてさらっとした軽さを出しました。

d: フロントスリットトラックパンツ

前裾にスリットを入れたトラックパンツ。中肉地のコットンフライスを使用しています。ウエストはゴムテープ入りではきやすく足先にかけての流れが美しく見えるようにスリットを入れました。

how to make
p.50

dress

e: フロントタックAラインドレス

フロントに大きなタックを入れたA
ラインのドレス。中肉地のコットン
フライスを使用しています。程よいフ
レア感を楽しめる上品なドレスに仕
上げました。

f: シアーオーバードレス

程よい透け感のすとんとしたシルエットのオーバードレス。薄地の強撚コットン天竺を使用しています。サイドには長めのスリットを入れ裾に動きと軽さを出しました。

f

dress

how to make

p.53

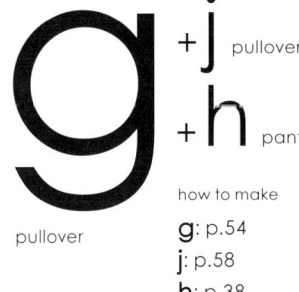

g
+j pullover
+h pants

pullover

how to make
g: p.54
j: p.58
h: p.38

g: レイヤードプルオーバー
素材違い・デザイン違いの2重構造のプルオーバー。それぞれ取外しができる作りになっています。上側は中肉地の3Dボーダーコットン天竺、下側はjで中肉地のリヨセル天竺を使用しています。サイドリボンの使い方でシルエットの変化を楽しめるようにしました。

j: ドロップショルダー
プルオーバー

h: フロントスリット
ストレートパンツ

i

cardigan

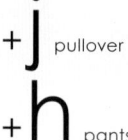

+j pullover
+h pants

how to make
i: p.56
j: p.58
h: p.38

i: オーバルドレープカーディガン

サイドラインに程よいドレープがかかる長袖カーディガン。薄地の強撚コットン天竺を使用しています。少し丸みが出るシルエット、ノーカラーノーボタンで軽さを出しました。

j: ドロップショルダープルオーバー

肩先が隠れるやわらかいシルエットのプルオーバー。中肉地のカモフラージュジャカードコットン天竺を使用しています。サイドスリットを入れ程よい抜け感を出しました。

h: フロントスリットストレートパンツ

p.11,15の色違いのパンツです。

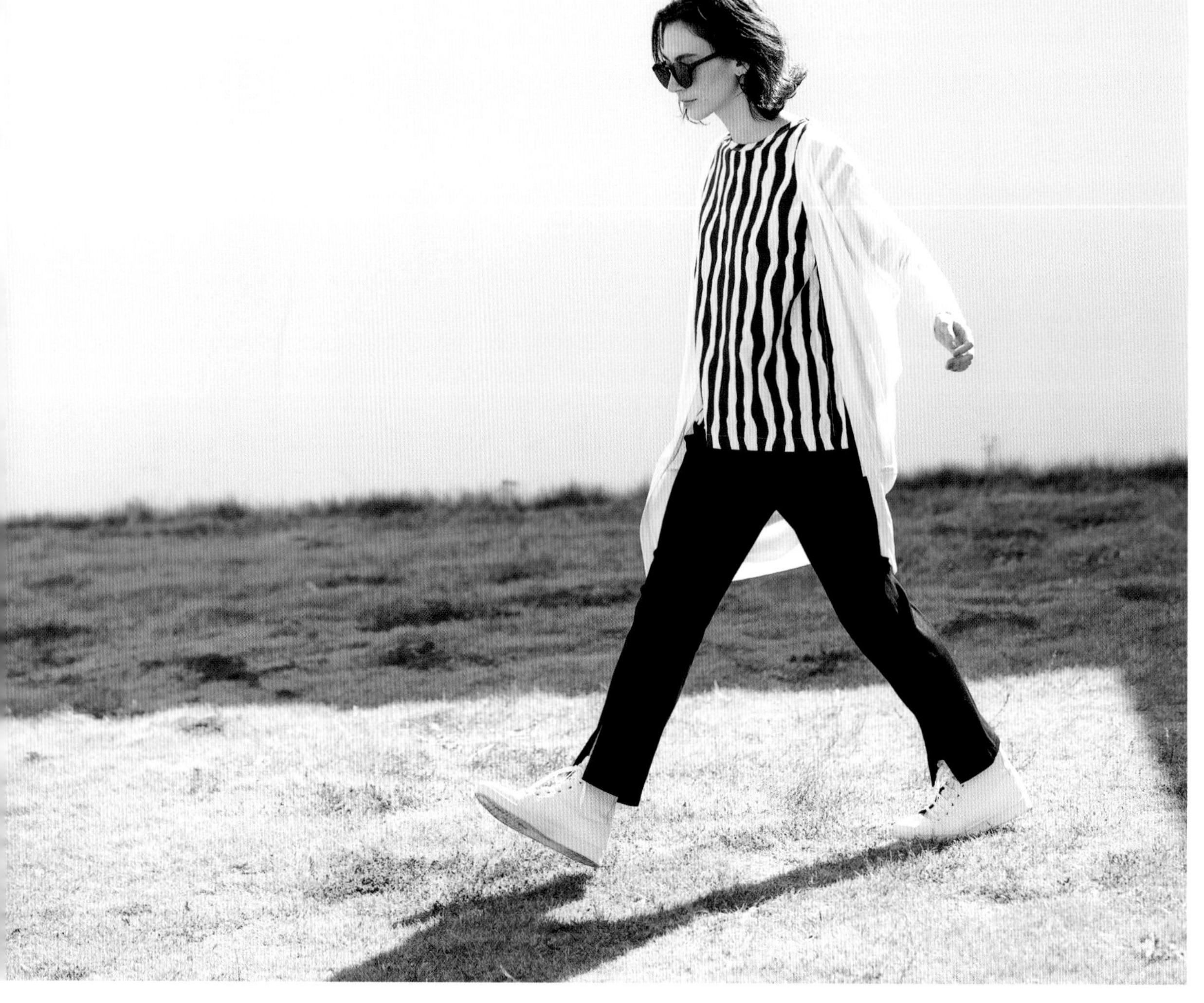

j +h pants

how to make
j: p.58
h: p.38

pullover

k

how to make
pullover   p.55

k: ショートスリーブチュールプルオーバー

透明感のあるゆったりシルエットの半袖プルオーバー。薄地のドット
ポリエステルチュールを使用しています。インナーの遊びが楽しめ
るようシアー感を最大限に生かしました。

14

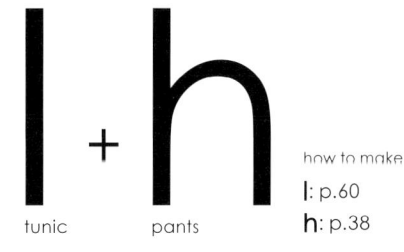

l + h

how to make

tunic   pants

l: p.60
h: p.38

l: バイカラーステッチ
チュニック

配色のステッチをきかせたチュニック。中肉地のコットンリヨセルポンチを使用しています。ボートネックで衿ぐりにやわらかい印象を加え、長めのスリットを入れ裾の動きに軽さを出しました。

h: フロントスリット
ストレートパンツ

フロントにスリットを入れたストレートパンツ。中肉地のコットンフライスを使用しています。はき心地のよさにこだわって程よいフィット感に仕上げました。

m +h pants

pullover

how to make
m: p.62
h: p.38

m: ハーフスリーブプルオーバー
袖丈を少し長めにとった半袖プル
オーバー。中肉地のリヨセル天竺を
使用しています。すとんとなじむすっ
きりシルエットに仕上げました。

h: フロントスリット
ストレートパンツ

n +h pants

pullover

how to make

n: p.63
h: p.38

n:ロングスリーブプルオーバー
肩先に落ち感を出したやわらかいシ
ルエットの長袖プルオーバー。中肉
地のリヨセル天竺を使用しています。
サイドには前後差をつけたスリット
を入れさり気ない変化を出しました。

**h:フロントスリット
ストレートパンツ**

a + p

pullover

pants

how to make
a: p.42
p: p.64

a: ショートスリーブ
　　ドレーププルオーバー

p.4のパターンを素材違いで作りま
した。中肉地の無地のコットン天竺
を使用しています。

p: タックテーパードパンツ

デザインのタックを入れたテーパー
ドシルエットのパンツ。中肉地のリ
ヨセル天竺を使用しています。動き
やすい股上のゆとりとすっきりした
ラインのバランスを大切にしました。

19

o: バックコンシャス
　プルオーバー
後ろ衿ぐりにテープを渡したデザイン
のプルオーバー。中肉地のリヨセル天
竺を使用しています。肩先はやわらか
く落とし、少し丸みのあるシルエットに
仕上げました。

p: タックテーパードパンツ
p.19の色違いのパンツです。

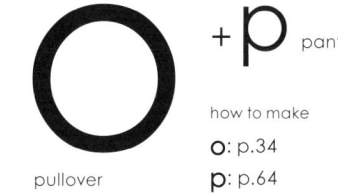

o pullover

+ p pants

how to make
o: p.34
p: p.64

O + d pants

pullover

how to make

o: p.34

d: p.48

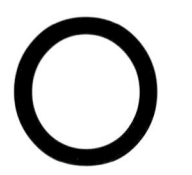

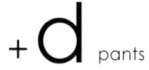

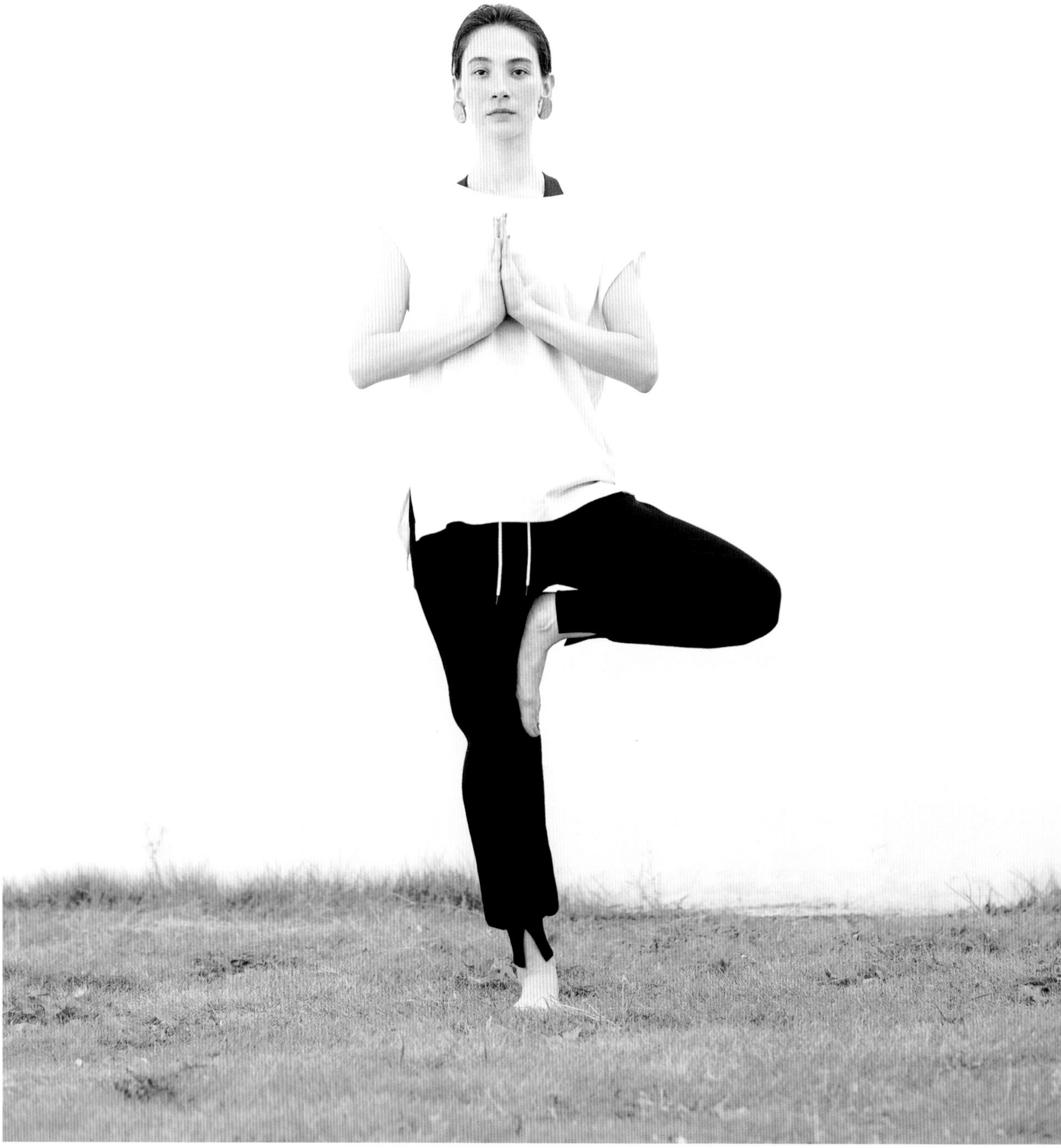

o: バックコンシャス
　　プルオーバー
p.20の色違いのプルオーバーです。

d: フロントスリット
　　トラックパンツ
p.6の色違いのパンツです。

23

q + o pullover
+ d pants

jacket   how to make
q: p.66
o: p.34
d: p.48

q: ノーカラージャケット
カーディガン

ノーカラーノーボタンのシンプルな
ジャケットカーディガン。中肉地の
ボーダーコットン裏毛を使用してい
ます。ダーツ部分に配色飾り布を高
めに配しウエストを高く見せるデザ
インにしました。

o: バックコンシャス
プルオーバー

d: フロントスリット
トラックパンツ

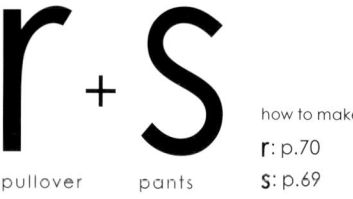

r + s

how to make

pullover   pants

r: p.70

s: p.69

r+s：バイカラーパイピングプルオーバーとトラックパンツ

rはp.17のnのロングスリーブプルオーバーと同じシルエットで前身頃と
袖中心を切り替え、バイカラーの布を挟み込んだプルオーバーです。厚
地の圧縮ウールニットを使用しています。sはp.6のdのパンツと同じシ
ルエットで切替え線にバイカラーの布を挟み込んだトラックパンツ。脇
線のブラックが引き締め感を出しています。

伸縮素材の縫い方をマスターしよう！

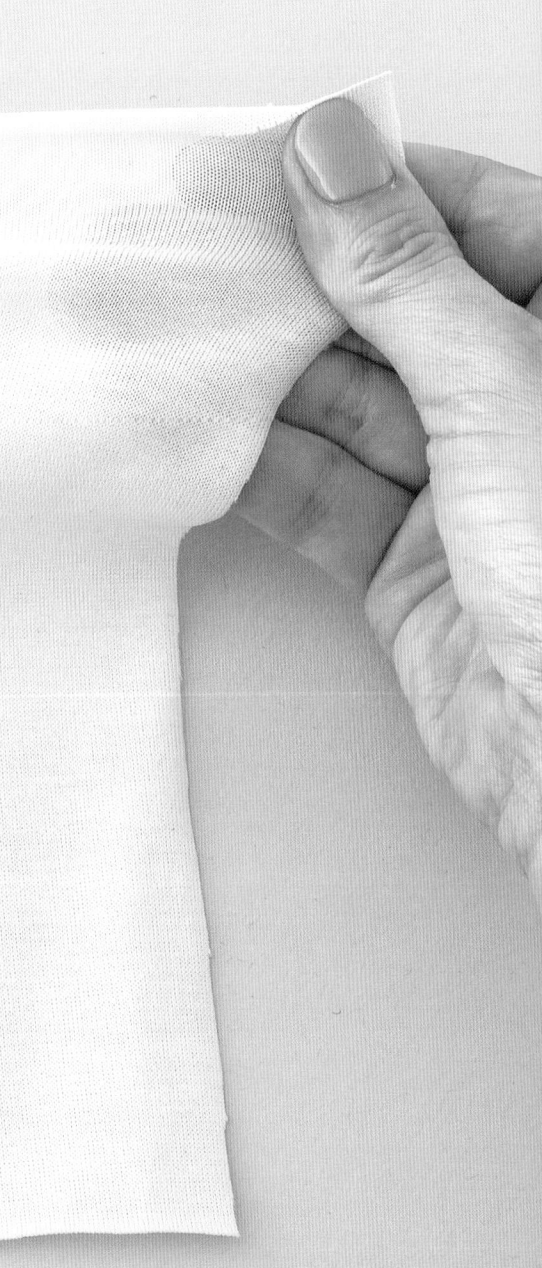

「伸縮素材」には、機械で編まれた編み地のほか、織り地にストレッチ加工を施したもの、特殊素材で伸び縮みするものがありますが、この本では、機械で「編まれた」素材を使用しています。この編み地には、ニット、カットソー、ジャージーなど呼び方はさまざまあります。縦横、両方向へ伸びる素材が多くあり、特に横への伸縮性に富み、風合いも柔らかいのが特徴です。素材の基本の編み方は「平編み」と「ゴム編み」の2種類。「平編み」は天竺、ポンチ、パイルなどで、「ゴム編み」はフライス、スムース、リブなどがあります。「ゴム編み」のほうが伸縮性の高いものが多く、編み方のほかに、混率でも風合いや伸縮ぐあいが変わるので、素材を観察して特徴を理解しましょう。

＊伸びる方向

横伸びが強い… 肩線などが伸びてだれやすいので、伸止めテープをはるとよい。裾などの1枚での布端かがり縫い（オーバーロック）では伸びる可能性があるので、差動送りで縮める必要がある。

縦伸びが強い… 縦伸びが強いと着丈や袖丈が長くなる可能性があり、下方に伸びた分身幅や肩幅が縮む可能性があることを考慮に入れる。脇のはぎ合せが伸びる場合には差動送りで縮める必要がある。

＊伸縮性の高い素材の場合

伸びに対応する縫い目で縫う。体にフィットしたデザインで袖口や裾を直線縫いミシンで縫う場合、伸びに対応させるため伸ばしながら縫う必要も出てくる。

＊編み目の詰まりぐあいがゆるい素材の場合

素材がよく動くので裁断がしにくく、布端もほつれやすいため縫い代を多くつける。縫いずれも起こりやすいためクリップでとめて縫い進める。

＊素材の厚み

厚い… 重ね合せの多いデザインだと、縫い目が厚くなりすぎて針が通らないこともあるので気をつける。
薄い… 素材自体の扱いが難しく、縫いずれが起こりやすいためクリップでとめ縫い進める。

＊伸縮素材の基本的な縫い方

ロックミシンを使った2本針4本糸ロックでの縫合せ。ステッチや袖口や裾上げのとめに直線縫いミシンを使用する。袖口や裾には布端にロックミシンをかけて折り上げて、直線縫いミシンで縫う。袖口や裾には1枚の布端にオーバーロックをかける。布端が伸びてしまう場合には、差動送りを使用して縮めながら縫い進め、折り上げの時に身頃となじませる。

この本で使用した布地一覧

ジャカードボーダーコットン天竺
使用作品 = a・pullover　b・pants

ハイゲージシアーポリエステル天竺
使用作品 = c・pullover

コットンフライス
使用作品 = d, h・pants

コットンフライス
使用作品 = e・dress　d, h・pants

コットンフライス
使用作品 = h・pants

強撚コットン天竺
使用作品 = f・dress

強撚コットン天竺
使用作品 = i・cardigan

3Dボーダーコットン天竺
使用作品 = g・pullover

リヨセル天竺
使用作品 = j, m, o・pullover

リヨセル天竺
使用作品 = p・pants　n・pullover

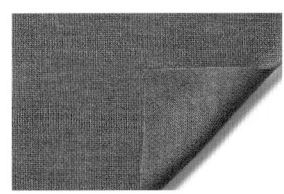

リヨセル天竺
使用作品 = p・pants

リヨセル天竺
使用作品 = o・pullover

カモフラージュジャカード
コットン天竺
使用作品 = j・pullover

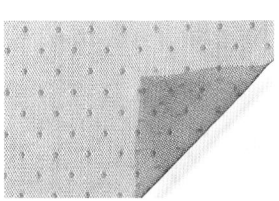

ドットポリエステルチュール
使用作品 = k・pullover

コットンリヨセルポンチ
使用作品 = l・tunic

コットン天竺
使用作品 = a・pullover

ボーダーコットン裏毛
使用作品 = q・jacket

圧縮ウールニット
使用作品 = r・pullover　s・pants

圧縮ウールニット
使用作品 = r・pullover　s・pants

布地提供　OFFICE・J・TAKADA

※布地は一部季節商品のため手に入らな
い場合があります。
詳しくは下記サイトをご覧ください。

https://the-another-concept-store.
myshopify.com/

この本で使用したミシン

ロックミシン「Sakura」 ‥‥‥‥‥‥‥‥‥‥

充実の縫い目のバリエーションを持ち、
5種類のオーバーロックと2種類の
ウェーブロックをレバー操作で簡単に選べます。
また針糸もルーパー糸もエア糸通しで
簡単に通せ、自動糸調子機能も搭載するなど
高い操作性を備えています。

Sakuraの詳しい
情報はこちら

直線縫いミシン「極」 ‥‥‥‥‥‥‥‥‥‥‥‥‥‥‥‥‥

高速、低速ともに安定した直線縫いで、
厚手から薄地まで対応できます。
特に今まで縫えなかった8番手の太い糸で皮革や厚地も
美しく仕上げる本格派のための一台です。
市販されている工業用の針板や押え金が使用できます。

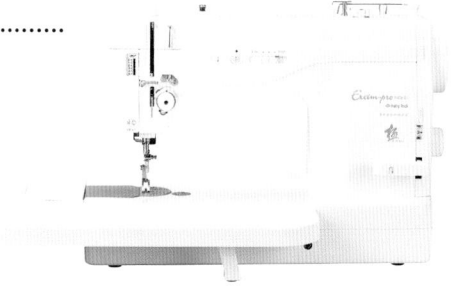

― Yuko Takada's Voice ―

ミシンは安定した縫い目が大切です。Sakuraは自動糸調子つきで
自分で調整する必要がなく、自動で糸調子を合わせてくれる機能が便利です。
厚地や薄地も安定した糸調子で縫い進められます。
準備で手間どるルーパー糸通しもエア糸通し機能であっという間に糸が通ります。
さらに針穴への糸通しも、簡単にエアで通る新機能に驚きました。
準備が簡単ですぐ縫い始められて安定した縫い目が続く、縫製がリズムよく進む
とてもおすすめのロックミシンです。

① エア針糸通し

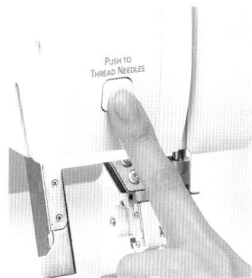
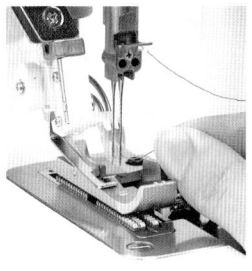

空気の力で針糸を通す、新開発の針糸通し機能（特許申請中）がついています。ミシンの左側にあるレバーを下げて、針糸通しボタンを押し、針穴に糸の先を近づけると、シュッと空気の力で糸が針穴に吸い込まれます。左右の針糸を2本同時に通すことができ、とても便利です。

1 レバーを下げ針糸通しボタンを押す。

2 針穴に糸を近づけると糸の先端が吸い込まれる。

3 レバーを上げて針糸通しが完了。

② ジェットエア糸通し（ルーパー糸）

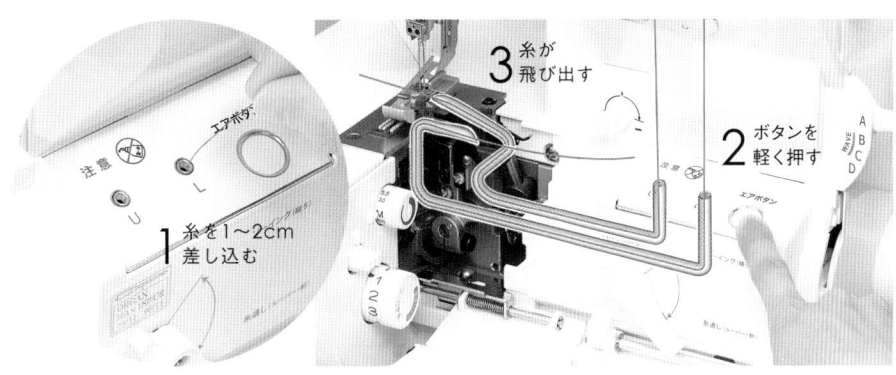

1 糸を1～2cm差し込む

2 ボタンを軽く押す

3 糸が飛び出す

ロックミシンで最も面倒といわれていたルーパーの糸通しも簡単にできます。まずソーイング・糸通し切換えレバーを「糸通し」側へ下げ、はずみ車をカチッと音がするまで手前に回します。ルーパー糸の先を1～2cm糸通し穴の中に入れます。エアボタンを押すとあっという間にルーパーの先端まで糸が通ります。ピンセットを使って糸かけをする必要はありません。

③ 自動糸調子

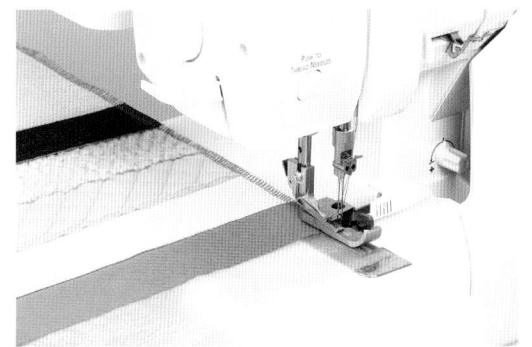

生地の厚みや縫い目を変えても自動できれいな仕上りです。

④ 差動送り

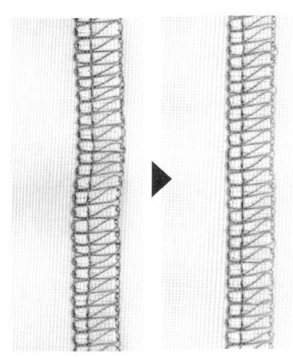
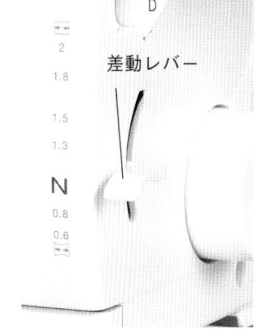

差動レバー

ニットなどの伸びやすい素材やバイアスを、縮めながら美しく仕上げます。

カバーステッチミシン「Kanade」 ·············

ニット素材を使った作品づくりに、あると便利なおすすめの一台！

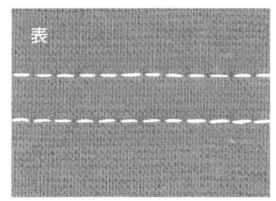

表

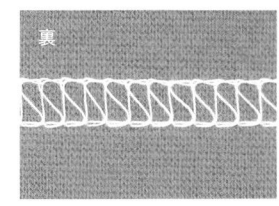

裏

裾上げなどの布端を折り上げて始末するロックミシン＋直線縫いミシンの工程を一度に進めることができるカバーステッチ専用のミシン。既製品のTシャツなどの袖口や裾によく使われています。カバーステッチ、チェーンステッチ、トリプルカバーステッチという縫い方ができます。

この本で使用した用具と材料

作品はロックミシンと直線縫いミシンを使って縫い合わせます。ここではミシン以外の準備したい用具を紹介。これら以外にも裁ちばさみ、糸切りばさみ、定規、重し、チョークペンシル、まち針、手縫い針、アイロンなどの一般的なソーイング用具も必要です。

ロータリーカッター・カッティングボード

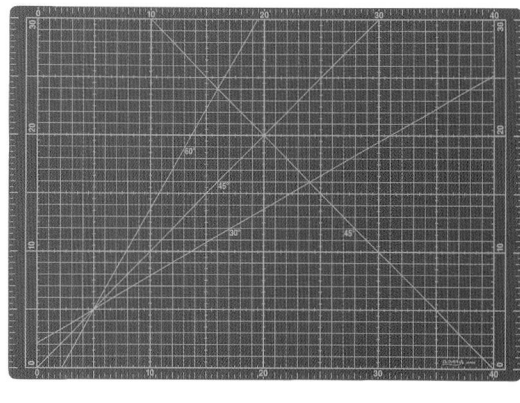

ロータリーカッターは布用のカッター。布をフラットに置いたまま裁断ができるので、動きやすいニット地も正確に裁断できます。ロータリーカッターは必ず下にカッティングボードを敷いて使います。

ロックミシン糸

ロックミシン用の糸。布地に合わせた色の同じ糸を4本使います。この本ではポリエステル100%のものを使用しています。

ニット専用ミシン糸

直線縫いミシン用の糸で、伸縮性のある糸。伸縮素材には布地の伸びに対応できるように、糸もニット専用を使います。この本ではレジロンミシン糸を使用しています。

仮どめクリップ

布をとめるクリップ。布をカットしながら縫うロックミシンでは、布をとめるときはまち針よりもソーイングクリップのほうが安全です。

接着テープ
（ニットタイプの伸止めテープ）

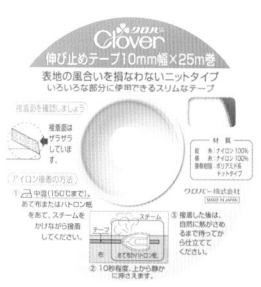

ニット専用ミシン針

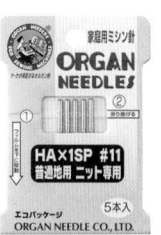

針穴から針先までが長く、先が丸いボールポイント針というニット専用の針

他にお手持ちの一般的な洋裁用具

裁ちばさみ、糸切りばさみ
目打ち、チョークペンシル
重し、ピンクッション

ロックミシン縫いのきほん

肩縫いや袖つけ、袖下〜脇縫いなどすべての縫合せは2枚の布を合わせてロックミシンのかがり幅を0.7cmにセットし、0.3cmカットしながら縫います。裾や袖口の縫い代は、1枚の布端にロックミシンをかけて始末します。

ロックミシンで2枚の布を縫い合わせる

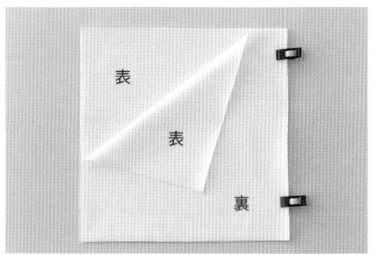

1 2枚の布を中表に合わせてソーイングクリップでとめる。

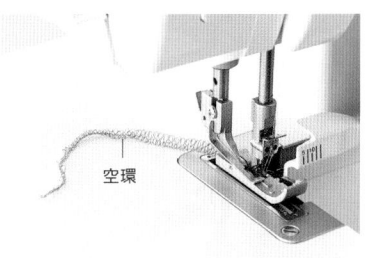

空環

2 ロックミシンのかけ始めは、まず布をはさまずにフットコントローラーを踏んで、空環を6〜7cm出す。

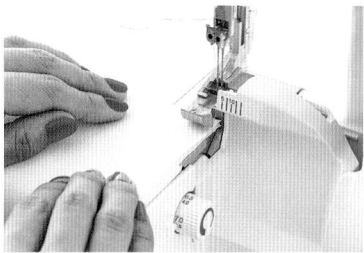

3 押え金を上げて布をメスの際まで入れて、押え金を下ろす。

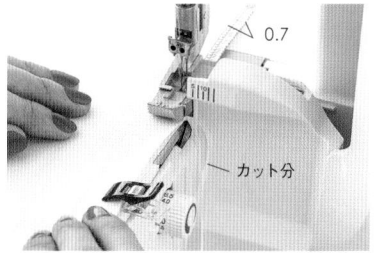

0.7

カット分

4 布端を0.3cmカットしながら縫う。

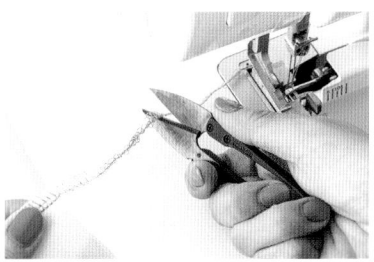

5 縫終りは空環を長めに出し、布端から7〜8cmを残して切る。

6 縫上り。ロックミシンの糸端の始末は下記参照。

1枚の布端にロックミシンをかける

普通に縫ったもの

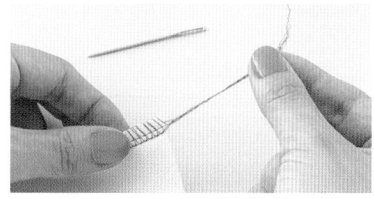

伸びている

差動を使って縫ったもの

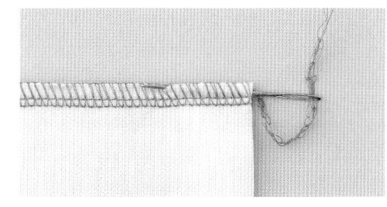

裾や袖口など1枚の布端に、横地方向にロックミシンをかけるときは、普通に縫うと、布端が伸びて波打ってしまいがち。その場合は「差動送り（布を縮めたり、伸ばしたりしながら縫う機能）」を使って、布を縮めながら縫うと伸びを抑えてきれいに仕上る。

ロックミシンの糸端の始末

ロックミシンは返し縫いができないので縫始め、縫終りとも空環を長めに残します。布端の空環はその位置をロックミシンでもう一度縫う場合は布の際からカットしていいのですが、そうでない場合はきちんと始末します。

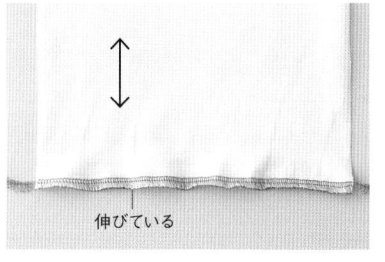

1 とじ針など穴の大きい針を用意し、布端の空環を指でしごいて伸ばす。

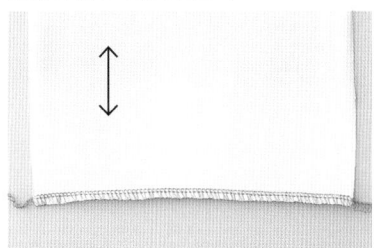

2 伸ばした糸をとじ針に通し、とじ針をロックミシン目の2枚の布の間に刺し込み、3cmぐらい先から針を出す。

3 そのまま針を引き抜き、布の際から余分な糸をカットする。

【材料】

表布（リヨセル天竺）… 145cm幅
（S・M）90cm、（L・LL）1m
接着テープ…1cm幅適宜

【下準備】

・裁合せ図を参考に各パーツを裁つ。表、裏のわかりにくい布は、裁断をしながらシールやマスキングテープなどを裏面にはっておくといい。

・前身頃、後ろ身頃とも裏面両脇のスリット位置に、写真のように印をつけておく。

【縫い方順序】

1　裾の始末をする
2　右肩を縫う
3　衿ぐりの縁とりをする
4　左肩を縫う
5　後ろ衿ぐりテープをつける
6　袖ぐりの縁とりをする
7　脇を縫う

出来上り寸法　　　　　　　　　（単位はcm）

サイズ	S	M	L	LL
バスト	103.6	108.6	113.6	118.6
着丈	68	69	70	71

※着丈は後ろ中心の衿ぐりからの長さ

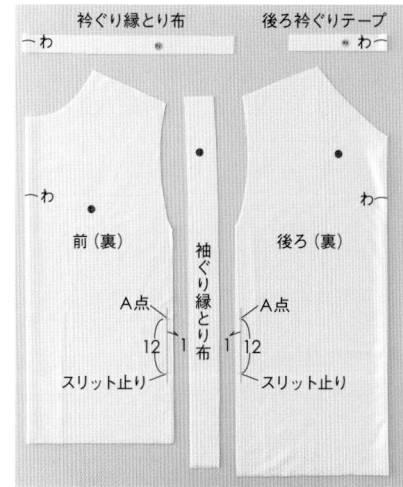

【裁合せ図】

表布

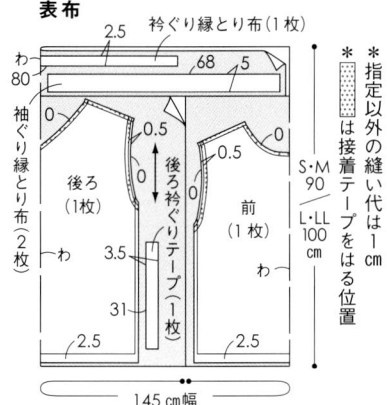

【下準備】

前、後ろ身頃とも裏面の肩、衿ぐり、袖ぐりに接着テープをアイロンではる。肩、衿ぐりは布端にテープ端を合わせてはるが、衿ぐりは伸ばさないように注意してカーブにそわせながら少しずつはる。また後ろ中心のカーブの強い部分は、接着テープに切込みを入れてカーブにそわせる。袖ぐりは布端の0.5cm内側にテープ端を合わせてはる。

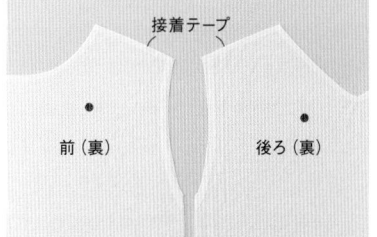

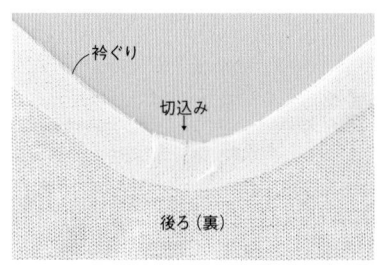

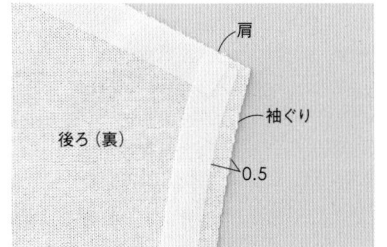

1 裾の始末をする

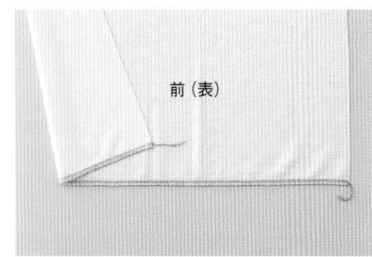

1　前裾縫い代に、表面からロックミシンをかける。伸ばさないように差動を使って縮めながら縫う。

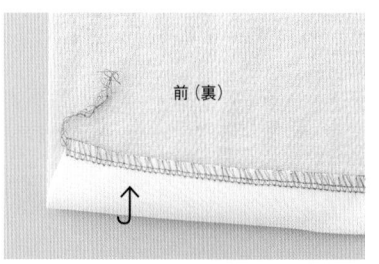

2　裾の縫い代を折ると差動を使っているので、裾の布端のほうが少し短くなっている。

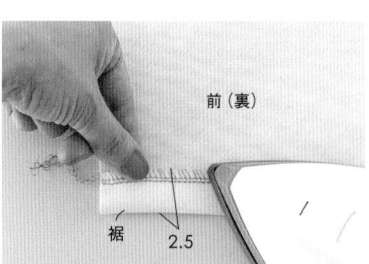

3　裾の縫い代をアイロンで裏面に折る。このとき脇の布端がきちんと合うように、裾の縫い代端を少し伸ばしてアイロンをかける。

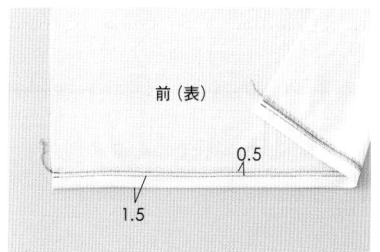

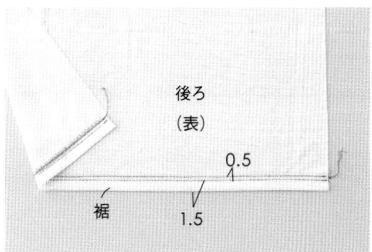

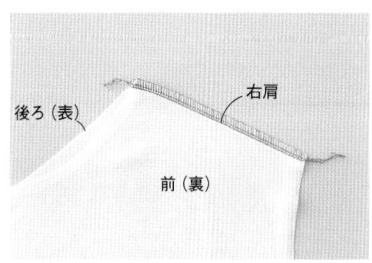

4 裾にステッチを2本かけて縫い代を押さえる。

5 後ろ身頃の裾も同じ要領でロックミシンをかけ、縫い代を折ってステッチをかける。

前身頃と後ろ身頃の右肩を中表に合わせてロックミシンで縫う。前身頃側から布端を0.3cm程度カットしながら縫う。肩縫い代は後ろ側に倒してアイロンで整えておく。

3 衿ぐりの縁とりをする

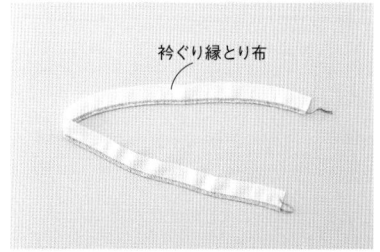

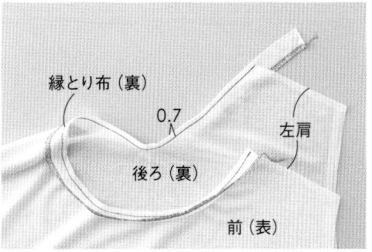

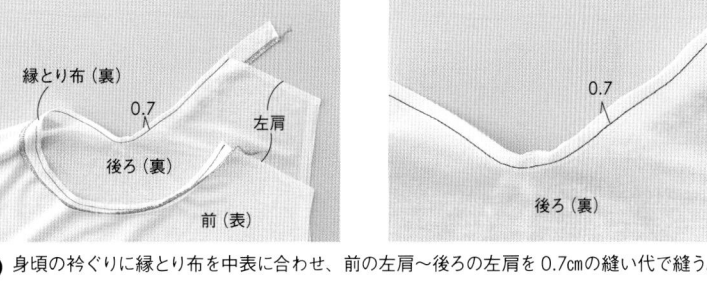

1 衿ぐり縁とり布の長辺の1辺に、差動を使って布端を縮めながらロックミシンをかける。

2 身頃の衿ぐりに縁とり布を中表に合わせ、前の左肩〜後ろの左肩を0.7cmの縫い代で縫う。

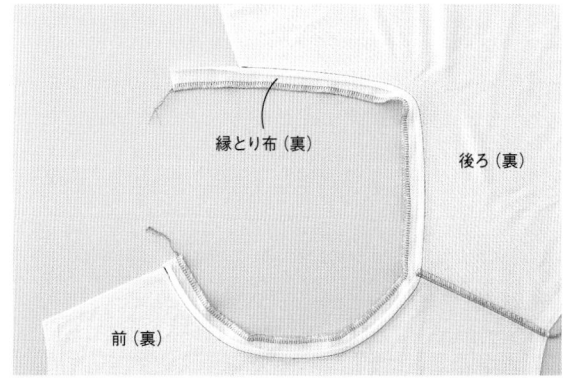

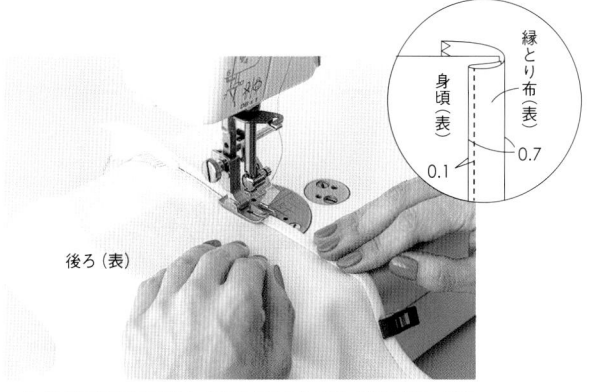

3 縁とり布を表に返し、衿ぐりの縫い代を縁とり布側に倒してアイロンで整える。

4 衿ぐりの布端を縁とり布でくるみながら、際にステッチをかける。

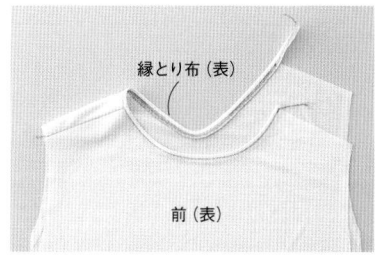

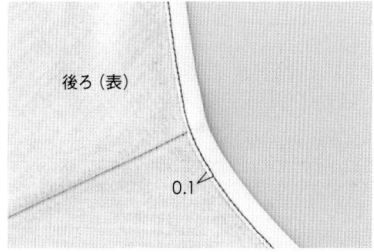

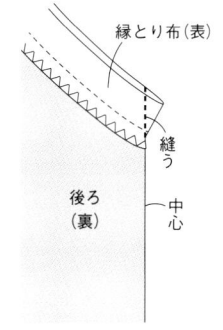

5 衿ぐりをぐるっと縁とりする。左肩からはみ出している縁とり布は、余分をカットしておく。後ろ衿ぐりの中央を図のように縫う。

4 左肩を縫う

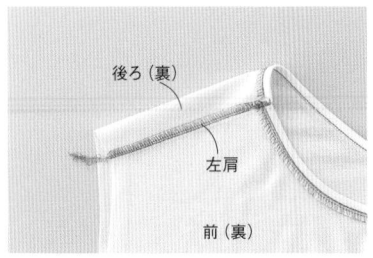

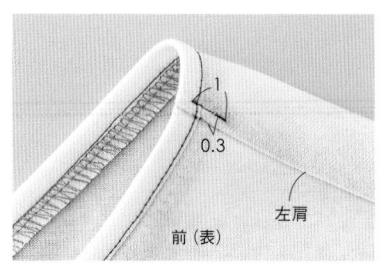

1 前身頃と後ろ身頃の左肩を中表に合わせ、布端を0.3cm程度カットしながらロックミシンで縫う。縫い代は後ろ側に倒してアイロンで整える。

2 左肩の衿ぐり後ろ側に、写真のように1cm程度とめミシンをかけて、肩縫い代を押さえる。

5 後ろ衿ぐりテープをつける

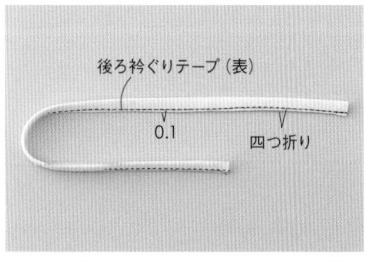

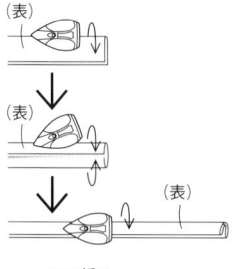

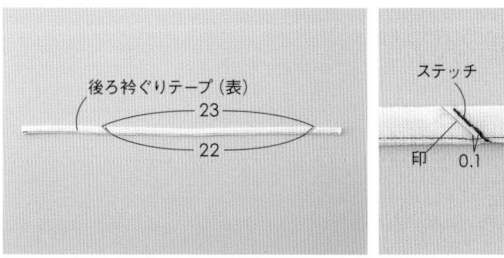

1 後ろ衿ぐりテープを図の要領で四つ折りにし、ステッチをかける。

2 1のテープにつけ位置をしるし、その印の0.1cm内側にステッチをかける。

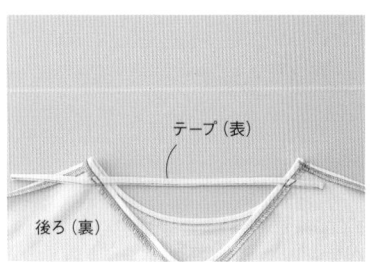

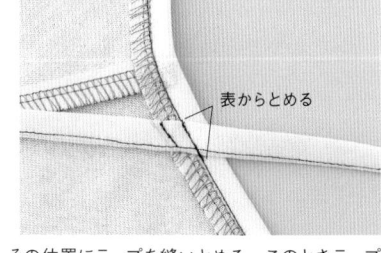

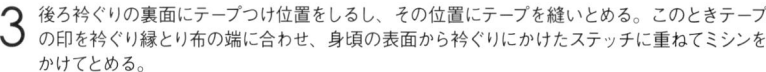

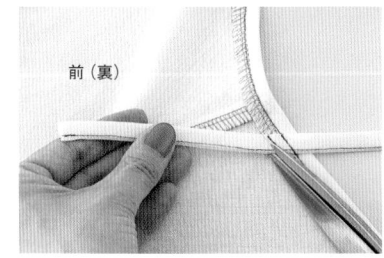

3 後ろ衿ぐりの裏面にテープつけ位置をしるし、その位置にテープを縫いとめる。このときテープの印を衿ぐり縁とり布の端に合わせ、身頃の表面から衿ぐりにかけたステッチに重ねてミシンをかけてとめる。

4 テープの余分を2の印の位置でカットする。

6 袖ぐりの縁とりをする

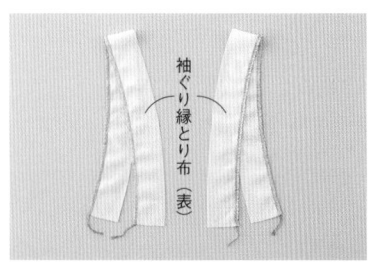

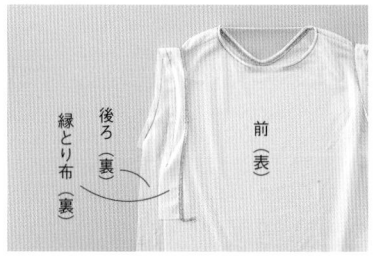

1 袖ぐり縁とり布の長辺の1辺に、差動を使って布端を縮めながらロックミシンをかける。

2 身頃の袖ぐりに縁とり布を中表に合わせ、1.5cm幅の縫い代で縫う。

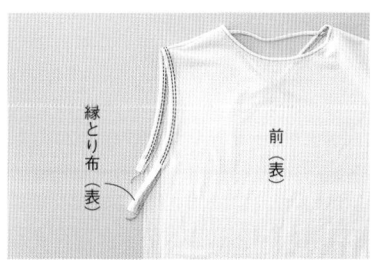
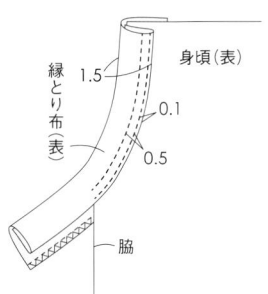

3 衿ぐりと同じ要領で、縁とり布で袖ぐりの縫い代をくるみ、縁とり幅を1.5cmに整えて、2本ステッチをかける。

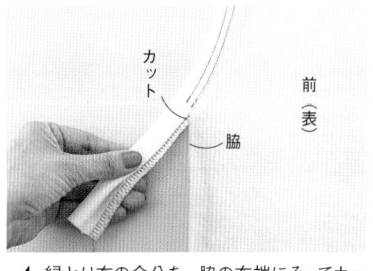

4 縁とり布の余分を、脇の布端にそってカットする。

7 脇を縫う

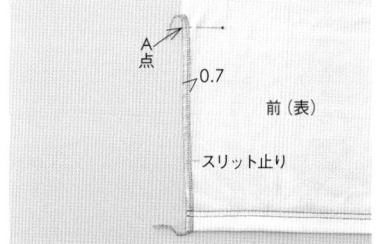

1 前身頃の脇縫い代に、裾からA点の印あたりまで、ロックミシンをかける。ロックミシンは布の表面から、布端を0.3cmカットしながら縫う。

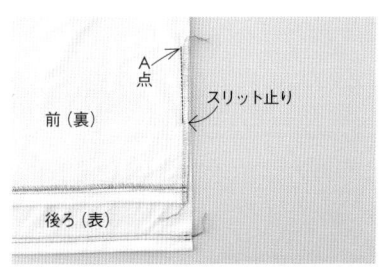

2 前身頃と後ろ身頃の脇を中表に合わせ、A点〜スリット止りまでを縫う。

3 A点の5〜6cm下からスリット止りまでの縫い代を割ってアイロンで整える。

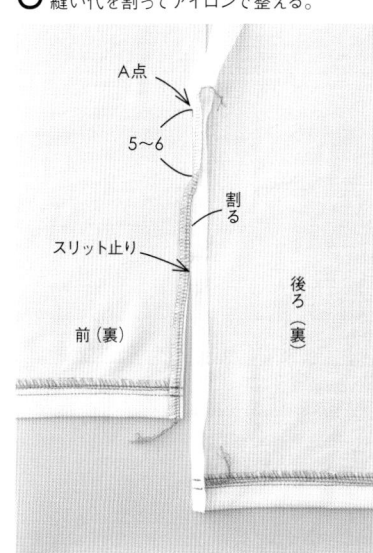

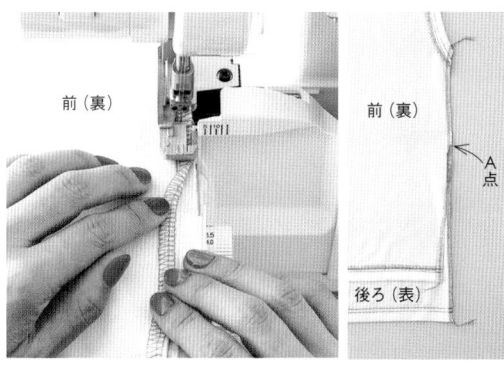

4 前身頃と後ろ身頃の脇をもう一度中表に合わせ、袖ぐり〜A点までを布端を0.3cm程度カットしながらロックミシンで縫う。続けてA点から5〜6cm下までは、**1**のロックミシン目に重ねて縫い、そこから裾までは、割った前身頃の縫い代をよけて、後ろ身頃の縫い代だけにロックミシンをかける。

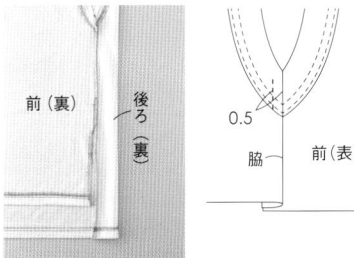

5 脇縫い代の上下のロックミシンの糸端を始末する（→p.33）。脇縫い代は後ろ側に倒し、スリット部分は縫い代を折ってアイロンで整える。脇縫い代の上端は、後ろ側に図のようにとめミシンをかけて縫い代を押さえる。厚みでミシンがかからない場合はアイロンで押さえる。

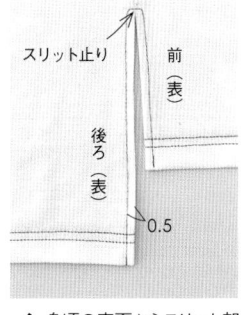

6 身頃の表面からスリット部分にステッチをかける。

7 出来上り。

h p.11, 12, 15, 16, 17　実物大パターン2面　フロントスリットストレートパンツの作り方

【材料】

表布（コットンフライス）… 138cm幅
1m10cm
ゴムテープ…3cm幅 S64cm / M69cm /
L74cm / LL79cm

【下準備】

・裁合せ図を参考に各パーツを裁つ。表、裏のわかりにくい布は、裁断をしながらシールやマスキングテープなどを裏面にはっておくといい。

【縫い方順序】

1　前パンツを縫い合わせる
2　脇、股下を縫う
3　裾を縫う
4　股ぐりを縫う
5　ウエストにゴムテープをつける

出来上り寸法				(単位はcm)
サイズ	S	M	L	LL
ウエスト	73	78	83	88
ヒップ	87	92	97	102
パンツ丈	95.3	96.3	98.3	99.8

※ウエストはゴムテープを縫いつける前の寸法

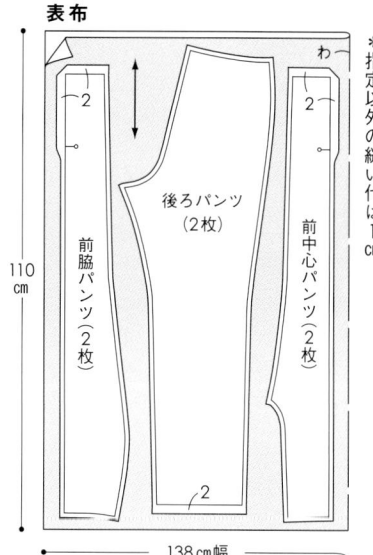

裁合せ図を参考に各パーツを2枚ずつ裁つ。

【裁合せ図】
表布

*指定以外の縫い代は1cm

前脇パンツ（2枚）
後ろパンツ（2枚）
前中心パンツ（2枚）

110cm

138cm幅

1 前パンツを縫い合わせる

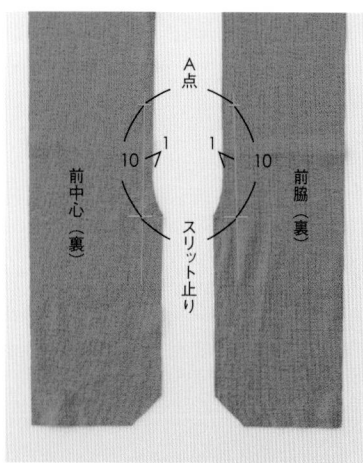

1　前中心パンツ、前脇パンツの裏面のスリット位置に、写真のように印をつける。

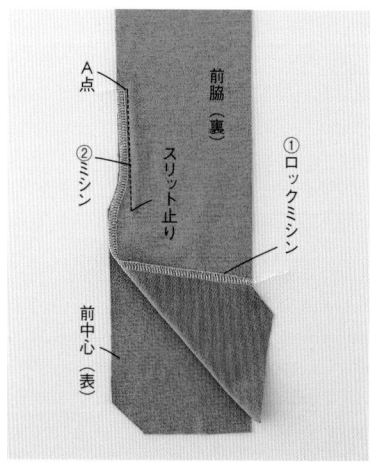

2　前脇パンツのA点の印から下の縫い代端に、布端を0.3cm程度カットしながらロックミシンをかける（①）。次に前中心パンツと前脇パンツを中表に合わせ、A点からスリット止りまでを縫う（②）。

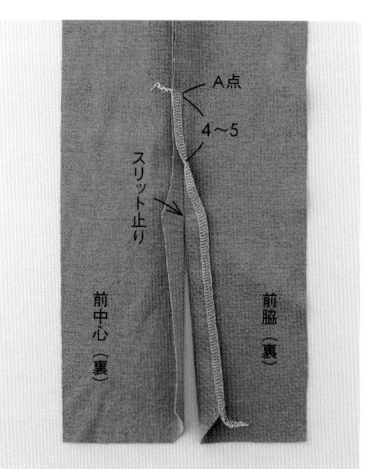

3　A点の4〜5cm下からスリット止りまでの縫い代を割ってアイロンで整える。

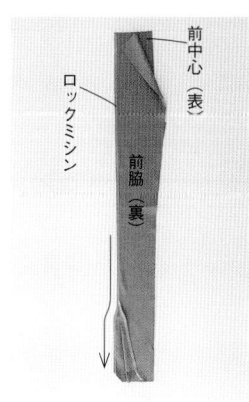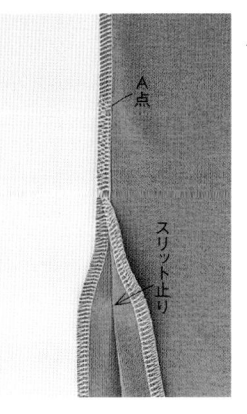

4 前中心パンツと前脇パンツを中表に合わせ、ウエスト〜A点までを布端を0.3cm程度カットしながらロックミシンで縫う。続けてA点から4〜5cm下までは2のロックミシン目に重ねて縫い、そこから裾までは割った前脇パンツの縫い代をよけて、前中心パンツの縫い代だけにロックミシンをかける。

5 4のスリット止りから上の縫い代を、前中心側に倒してアイロンで整え、表から縫い目の前中心パンツ側にスリット止りまでステッチをかける。

2 脇、股下を縫う

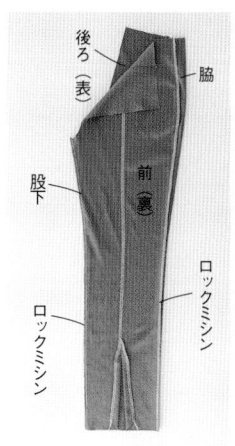

前パンツと後ろパンツを中表に合わせ、脇と股下（後ろ股下は0.6cm伸ばす）をそれぞれロックミシンで縫う。縫い代はそれぞれ後ろ側に倒してアイロンで整える。

3 裾を縫う

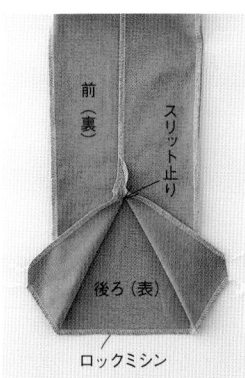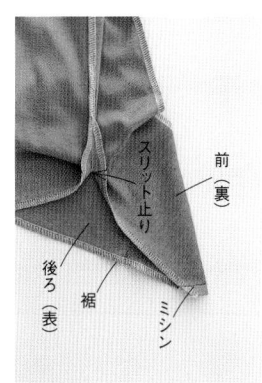

1 裾の縫い代端にロックミシンをかける。差動の機能を使って縮めながら縫う。

2 前裾のスリットあきの角を写真のように中表に折って縫う。もう一方の角も同様に縫う。

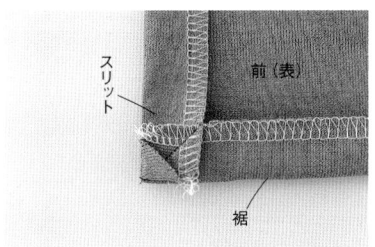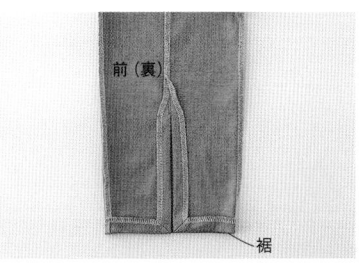

3 2の縫い代をアイロンで割って角を整える。

4 スリットの角を表に返し、スリット、裾の縫い代を裏面に折ってアイロンで整える。

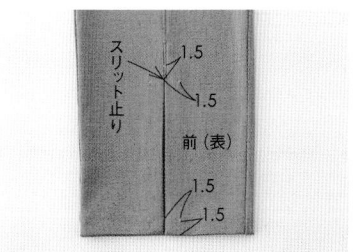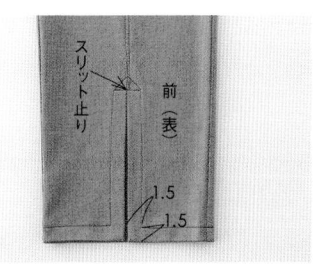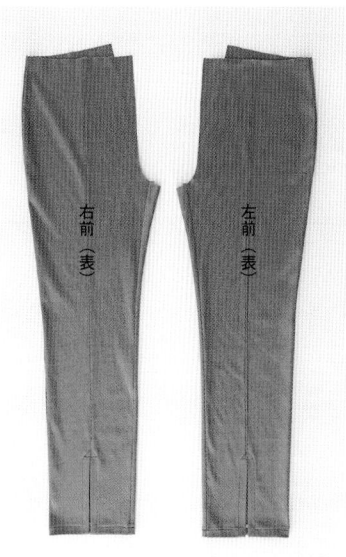

5 前パンツの表面の裾のスリット位置に、写真のようにステッチ位置の印をつける。

6 5の印を目安に裾、スリットの周囲に1.5cm幅のステッチをかける。次にスリット止りに、横にステッチをかける。

7 もう一方のパンツも同様に作り、左右のパンツの出来上がり。

4 股ぐりを縫う

左右のパンツの股ぐりを中表に合わせ、ロックミシンで縫う。縫い代は左パンツ側に倒してアイロンで整えておく。

5 ウエストにゴムテープをつける

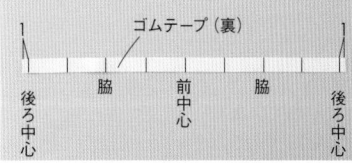

1 4面にあるゴムテープパターンを参照し、ゴムテープに印をつける。前後中心と脇、合い印に印をつり、印をつけたほうを裏面にする。

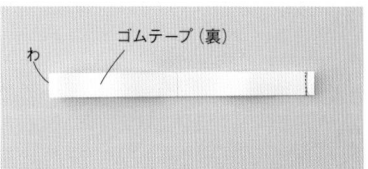

2 ゴムテープの後ろ中心を中表に合わせて縫って輪にする。

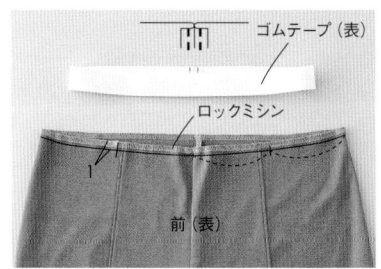

3 ゴムテープの2の縫い代を割り、縫い目の両側にステッチをかける。パンツのウエストは縫い代端にロックミシンをかけ（布端はカットしない）、ウエストの表面に出来上り線をかく。さらに前後中心と脇の中間に合い印をつける。

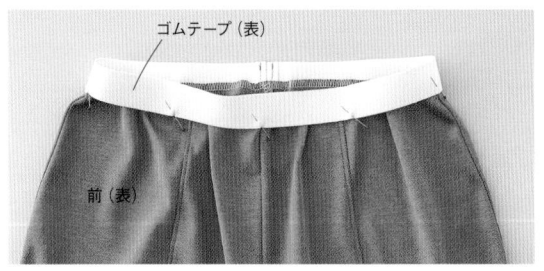

4 パンツ表面のウエスト縫い代に、出来上り線に合わせてゴムテープを重ね、合い印を合わせてまち針でとめる。

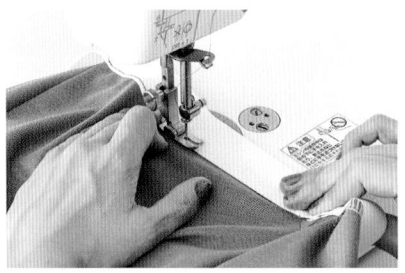

5 パンツのウエストに合わせてゴムテープを伸ばしながら、ぐるっと1周縫う。

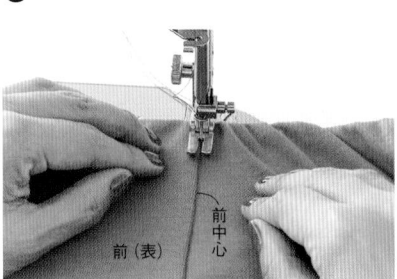

6 ゴムテープを内側に折り、前後中心、両脇の縫い目にパンツの表面から落しミシンをかけてゴムテープを縫いとめる。

7 出来上り。

40

作り始める前に

ヌード参考寸法 （単位はcm）

サイズ	S	M	L	LL
身長	154	159	164	169
バスト	80	85	90	95
ウエスト	62	67	72	77
ヒップ	85	90	95	100

■付録の実物大パターンとサイズについて

この本で紹介した全作品の実物大パターンが付録としてついています。a～sのパターンは、右のヌード寸法表のS、M、L、LLにグレーディングされています。サイズ表を確認しながら、パターンサイズを選んでください。

■パターンの作り方、印つけ

付録の実物大パターンは、1面、2面、3面、4面の中に入っています（図1）。実物大パターンには、縫い代がついています。裁切り線となる縫い代線が太いグレーの線、出来上りは細い薄茶の線で表示しています（図2）。紙面の都合上、線が重なっていますので、写したい線をマーカーなどでなぞり、ハトロン紙などの別紙に写し取ります。裁ち切る縫い代線と、布目線と合い印をつけます。タックのあるデザインの場合は、タックを倒す方向も忘れずにつけましょう。裁切り線にある合い印は直角にノッチ（3mmくらいの切込み）を入れます。パターンの内側にあるタックやダーツ位置は、チョークペーパーをパターンと布地の間に挟み、目打ちやルレットでしるしてください。

■着丈と袖丈の操作

着丈、袖丈の調整は裾線、袖口線で増減してください（図3）。ジャケットのようにウエストを極端に絞ったデザインの場合はウエストラインと裾線の2か所に分けて増減するとバランスよくできます。

図2

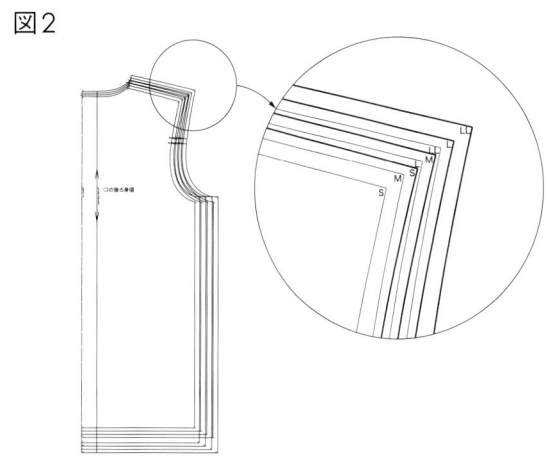

図3

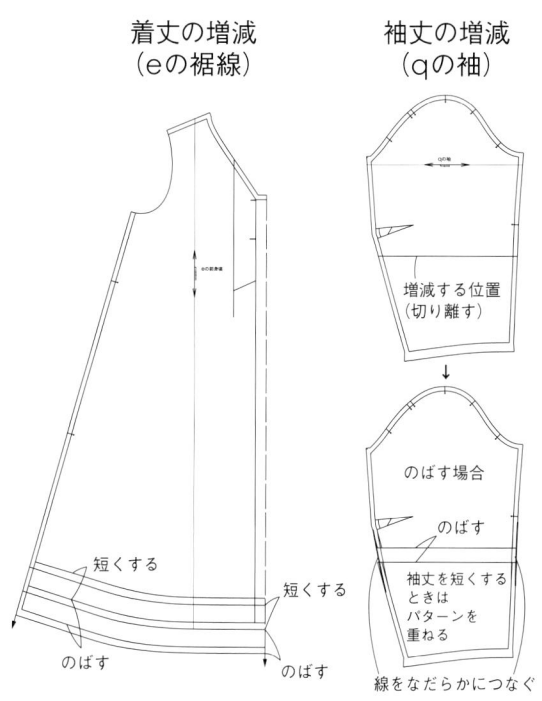

着丈の増減
（eの裾線）

袖丈の増減
（qの袖）

増減する位置
（切り離す）

のばす場合

のばす

袖丈を短くする
ときはパターンを
重ねる

線をなだらかにつなぐ

短くする

短くする

のばす

のばす

図1

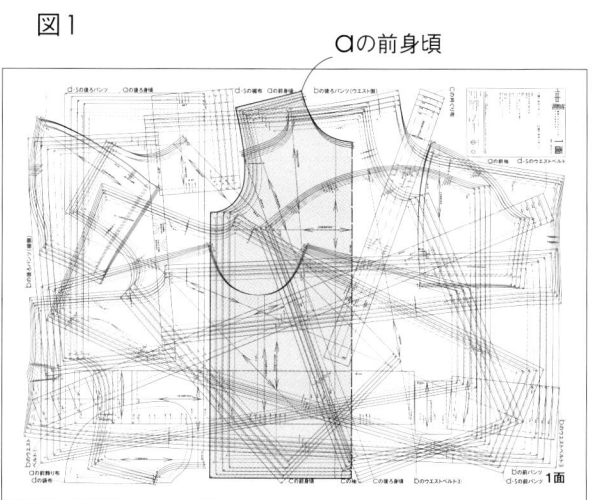

aの前身頃

a

p.4、18　実物大パターン1面

【材料】

p.4の表布（ジャカードボーダーコットン天竺）…130cm幅
（S、M）1m40cm、（L、LL）1m60cm
p.18の表布（コットン天竺）…143cm幅
（S、M）1m30cm、（L、LL）1m40cm
接着テープ…1cm幅適宜

【作り方ポイント】

・p.4はボーダー柄の布。前身頃、後ろ身頃は横地に裁って縦ストライプに、前飾り布はバイアスに裁って斜めストライプにする。p.18は無地の布なので前身頃、後ろ身頃、前飾り布は縦地で裁断する。

【下準備】

後ろ肩、衿ぐりの裏面に接着テープをはる。後ろ肩は縫い代に、前身頃、後ろ身頃、前飾り布の衿ぐりは布端の0.5cm内側にはる。

【縫い方順序】

1 袖をロックミシンでつける→図
2 前飾り布の外回りを始末する。
　外回りの縫い代にロックミシンをかけ、
　縫い代を折ってステッチをかける
3 前身頃に前飾り布を仮どめする
　→図
4 右肩～右袖山をロックミシンで縫う→図
5 衿ぐりの縁とりをする→p.59-3
6 左肩～左袖山をロックミシンで縫う
7 袖口を始末する→図
8 袖下～脇を続けてロックミシンで縫う→図
9 裾の始末をする。裾縫い代にロックミシンをかけ、縫い代を折ってステッチをかける

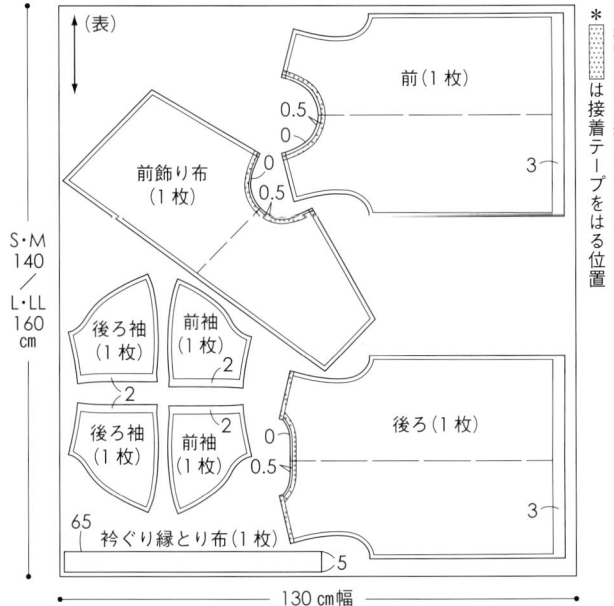

【裁合せ図】
表布（p.4 ボーダー）

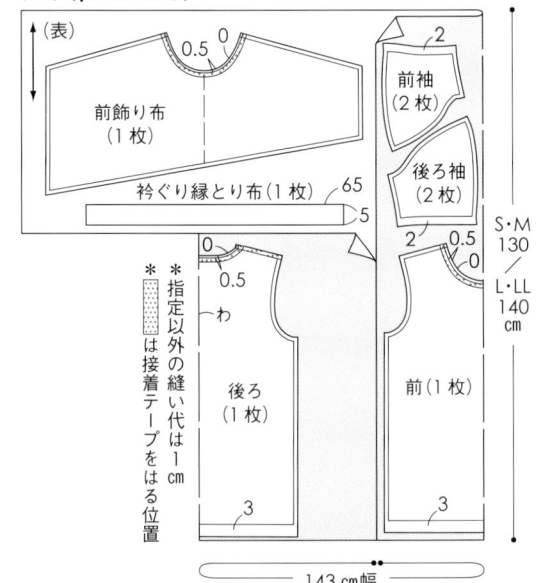

表布（p.18 無地）

出来上り寸法　　　　　（単位はcm）

サイズ	S	M	L	LL
バスト	90.5	95.5	100.5	105.5
袖丈	22.7	23.2	23.7	24.2
着丈	65	66	67	68

1 袖をロックミシンでつける

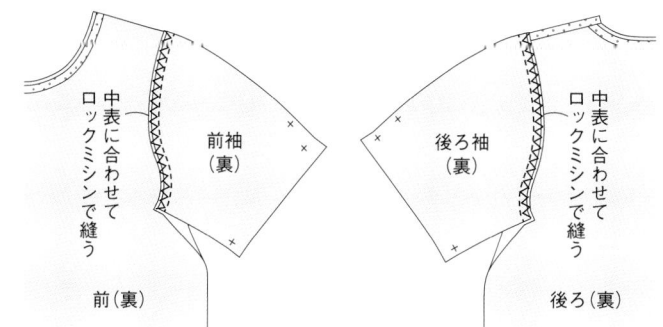

中表に合わせてロックミシンで縫う

前袖（裏）

前（裏）

中表に合わせてロックミシンで縫う

後ろ袖（裏）

後ろ（裏）

3 前身頃に前飾り布を仮どめする

飾り布を重ねて袖山〜肩〜衿ぐりにミシン

0.7　　0.7

1

前飾り布（表）

前（表）

4 右肩〜右袖山をロックミシンで縫う

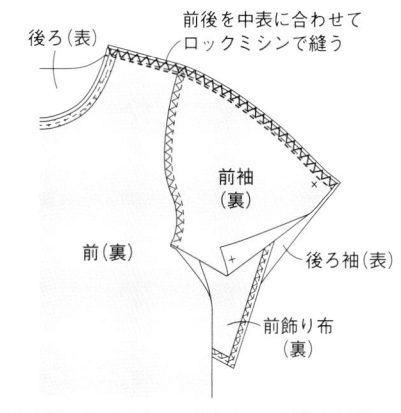

後ろ（表）

前後を中表に合わせてロックミシンで縫う

前袖（裏）

前（裏）

後ろ袖（表）

前飾り布（裏）

※6 左肩〜左袖山をロックミシンで縫うも同様

7 袖口を始末する

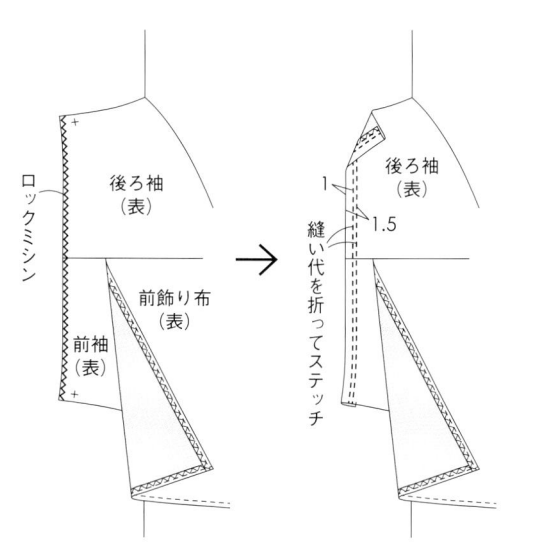

ロックミシン

後ろ袖（表）

前飾り布（表）

前袖（表）

→

1

1.5

後ろ袖（表）

縫い代を折ってステッチ

8 袖下〜脇を続けてロックミシンで縫う

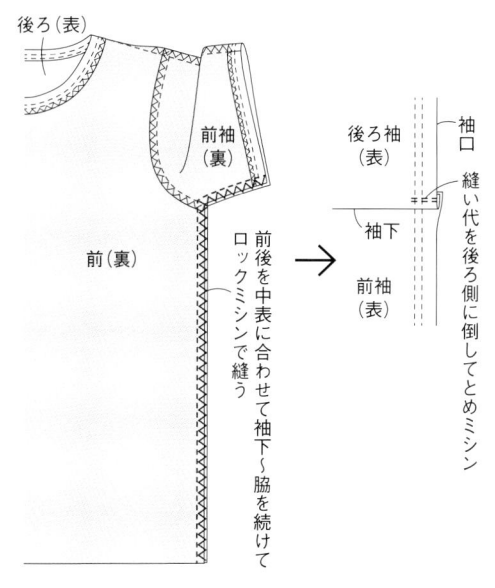

後ろ（表）

前袖（裏）

前（裏）

前後を中表に合わせて袖下〜脇を続けてロックミシンで縫う

→

後ろ袖（表）

袖口

縫い代を後ろ側に倒してとめミシン

袖下

前袖（表）

p.4　実物大パターン1面

【材料】
表布（ジャカードボーダーコットン天竺）…130cm幅
（S、M）2m、（L、LL）2m20cm
接着芯…10×5cm
ゴムテープ…4cm幅（S）64cm、（M）69cm、（L）74cm、（LL）79cm
丸ひも…太さ0.5cmを1m80cm

【作り方ポイント】
・表布はボーダー柄。各パーツは横地で裁断して縦ストライプにする。
・ウエストベルトにはゴムテープを通し、重ねてひもを通す。ひもはひも通し口を作って通すが、ひも通し口位置でウエストベルトを切り替えてひも通し口を作る。その場合の作り方はp.46参照。

【下準備】
ウエストベルトのひも通し口位置に接着芯をはる。→図

【縫い方順序】
1　前パンツのタックを縫う→図
2　脇をロックミシンで縫う→p.39-2
3　後ろ股下を0.9cm伸ばし、前股下とロックミシンで縫う。縫い代は後ろ側に倒す→p.39-2
4　裾の始末をする→図
5　股ぐりをロックミシンで縫う→p.40-4
6　ウエストベルトを作る→図
7　ウエストベルトをつける→図
8　ウエストベルトにひもを通す。
　ひもの端はひと結びする、糸でかがる、ループエンドをつけるなど好みの方法で始末する

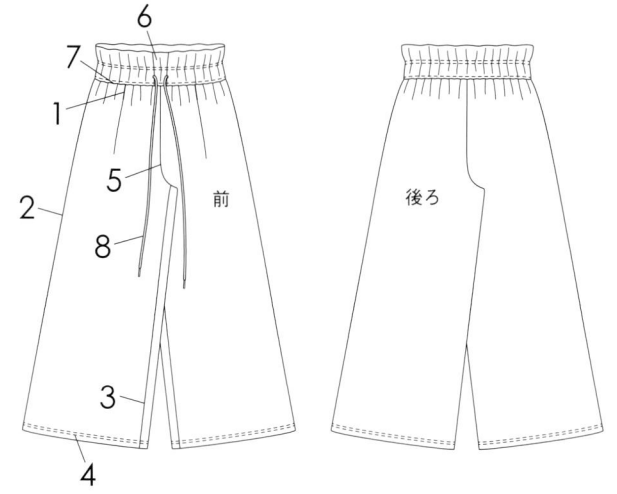

【裁合せ図】
表布

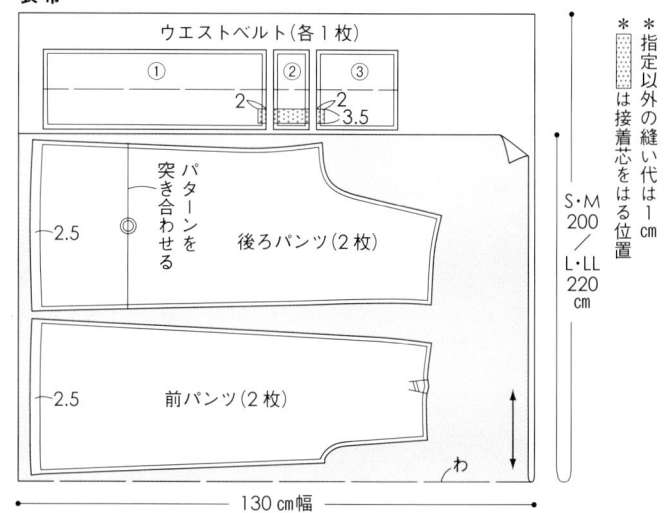

下準備

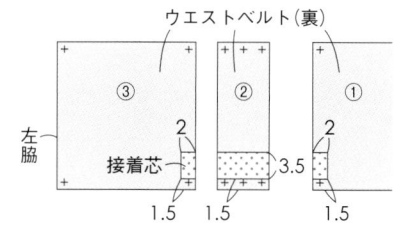

出来上り寸法				（単位はcm）
サイズ	S	M	L	LL
ウエスト	73	78	83	88
ヒップ	94.5	99.5	104.5	109.5
パンツ丈	94.7	96.2	97.7	99.2

※ウエストはゴムテープを入れる前の寸法

1 前パンツのタックを縫う

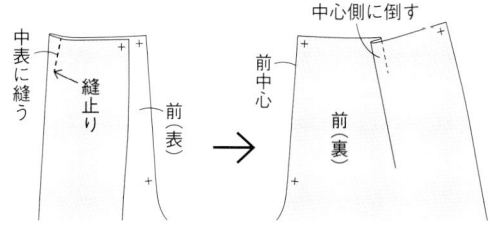

中表に縫う
縫止り
中心側に倒す
前中心
前(表)
前(裏)

4 裾の始末をする

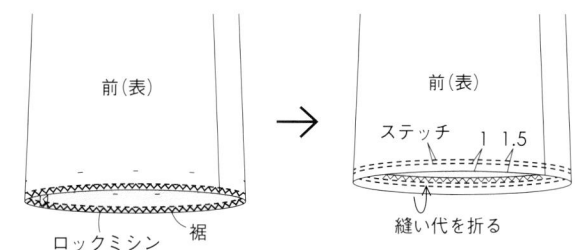

前(表)
ロックミシン
裾
前(表)
ステッチ 1 1.5
縫い代を折る

6 ウエストベルトを作る ※p.46のプロセス写真も参照

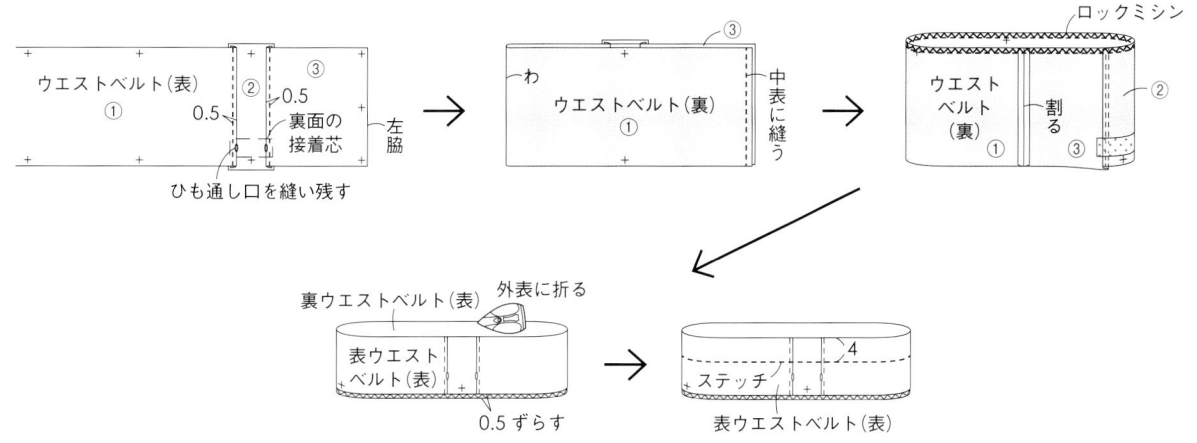

ウエストベルト(表) ① ② ③ 0.5
裏面の接着芯
左脇
ひも通し口を縫い残す

わ ウエストベルト(裏) ① ③ 中表に縫う

ロックミシン
ウエストベルト(裏) ① 割る ③ ②

裏ウエストベルト(表) 外表に折る
表ウエストベルト(表)
0.5ずらす

ステッチ 4
表ウエストベルト(表)

7 ウエストベルトをつける

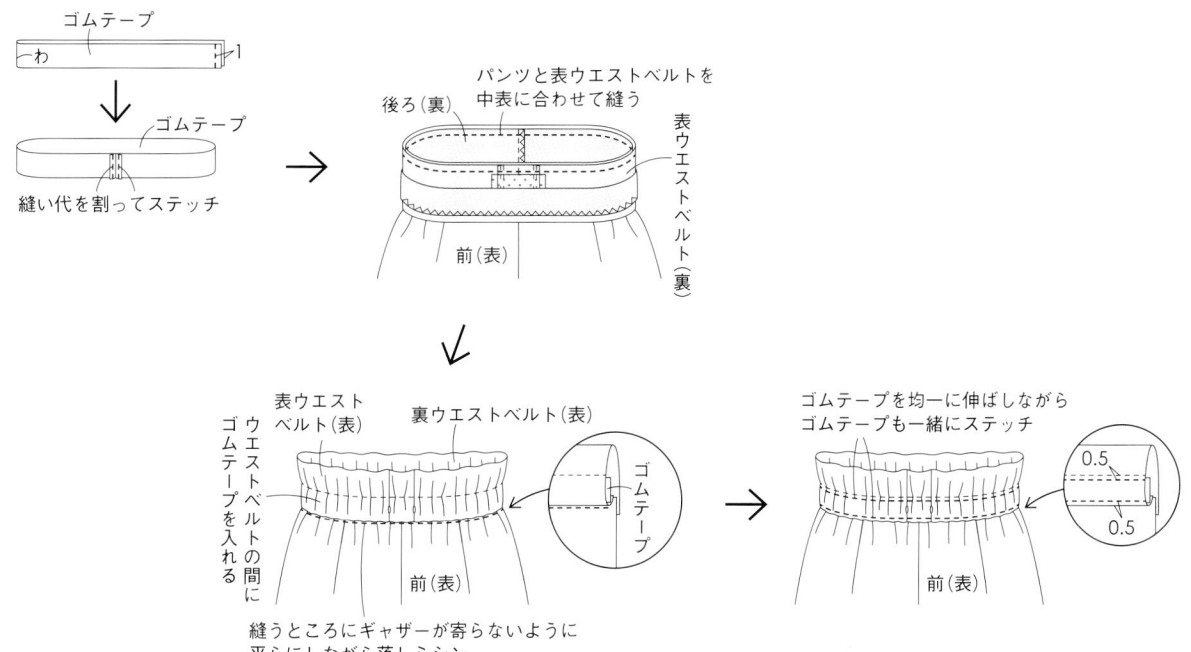

ゴムテープ
わ 1

ゴムテープ
縫い代を割ってステッチ

後ろ(裏)
パンツと表ウエストベルトを中表に合わせて縫う
表ウエストベルト(裏)
前(表)

表ウエストベルト(表)
ウエストベルトの間にゴムテープを入れる
裏ウエストベルト(表)
ゴムテープ
前(表)
縫うところにギャザーが寄らないように平らにしながら落しミシン

ゴムテープを均一に伸ばしながらゴムテープも一緒にステッチ
0.5
0.5
前(表)

切り替えてひも通し口を作るウエストベルトの作り方

ウエストベルトのひも通し口をボタンホールの代りに切り替えて作る場合、パターンは「bウエストベルト①」「bウエストベルト②」「bウエストベルト③」を使う。

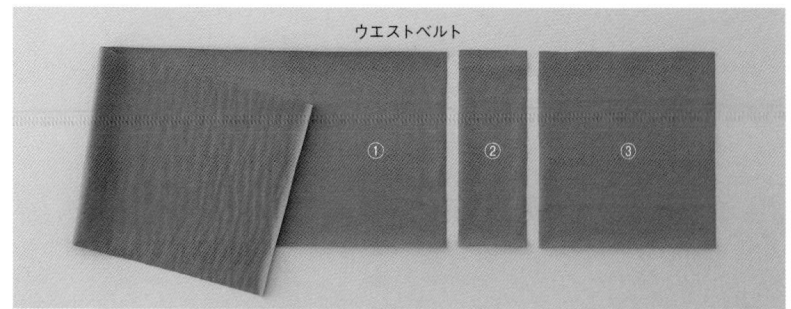

1 ウエストベルトは①、②、③の3パーツを裁断する。

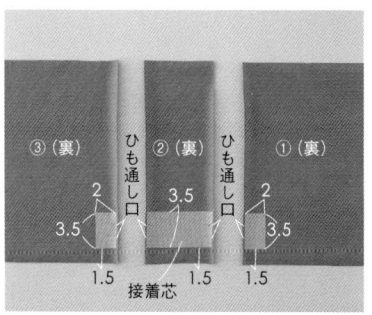

2 各パーツ裏面のひも通し口位置に、接着芯をはる。

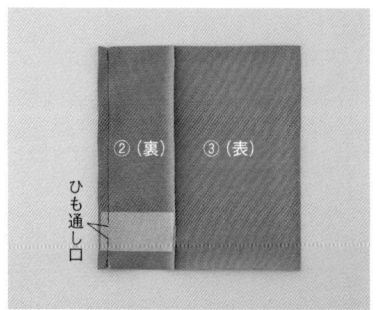

3 ウエストベルト②と③を中表に合わせ、ひも通し口を残して縫う。ひも通し口の上下はしっかり返し縫いをする

4 ウエストベルト②と①を中表に合わせ、ひも通し口を残して縫う。

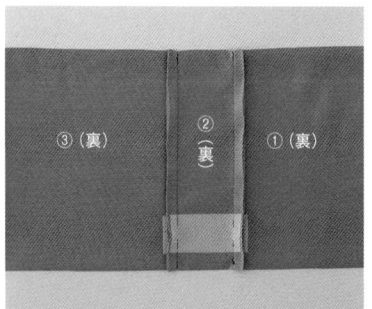

5 3と4の縫い代を、脇側（③側・①側）に倒してアイロンで整える。

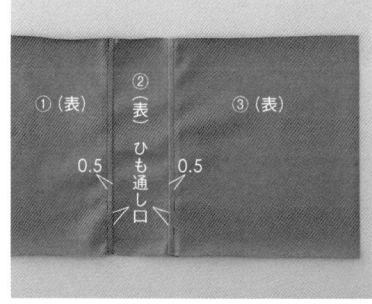

6 3と4の縫い目の脇側に、表面からひも通し口を残してステッチをかける。

7 ウエストベルト①と③の左脇を中表に合わせて縫い、縫い代を割る。

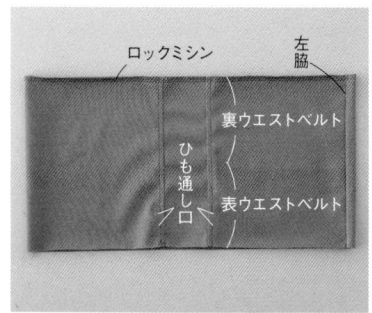

8 裏ウエストベルト側の布端にぐるっとロックミシンをかける。

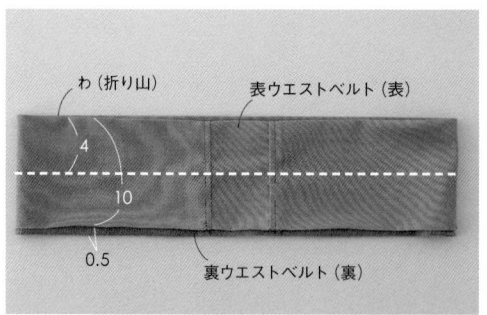

9 ウエストベルトを外表に折ってアイロンで整える。次に折り山の4cm下にぐるっとステッチをかける。このあとパンツにつける。

C p.6　実物大パターン1面

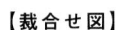

【材料】
表布(ハイゲージシアーポリエステル天竺)…135cm幅
(S、M)1m30cm、(L、LL)1m50cm
別布(コットン天竺)…60×10cm
接着テープ…1cm幅適宜

【作り方ポイント】
裾、袖口は裁切りで仕上げるので、表布はほつれない
布やほつれても気にならない布を選ぶ。

【下準備】
後ろ身頃の肩縫い代裏面に接着テープをはる。

【縫い方順序】
1 肩をロックミシンで縫う。縫い代は後ろ側に倒す
2 衿ぐり布をつける→図
3 袖をロックミシンでつける→p.71-**9**
4 袖下〜脇を続けてロックミシンで縫う
　　→p.43-**8**

【裁合せ図】
表布(S・M)

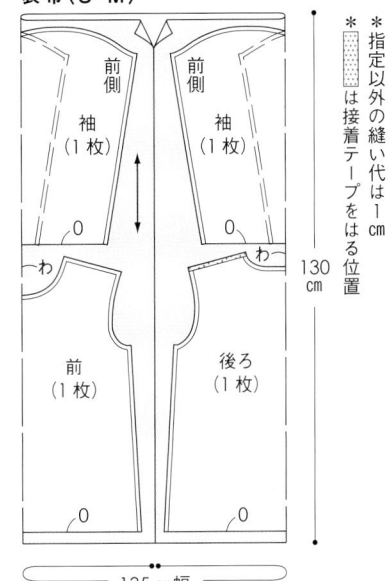

※指定以外の縫い代は1cm
※［ ］は接着テープをはる位置

135cm幅
130cm

表布(L・LL)

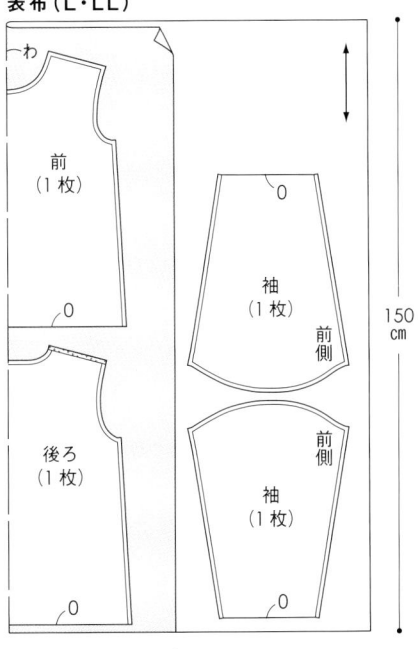

150cm
135cm幅

2 衿ぐり布をつける

中表に折って縫う
衿ぐり布(裏)
半分に折る
(表)　縫い代を割る

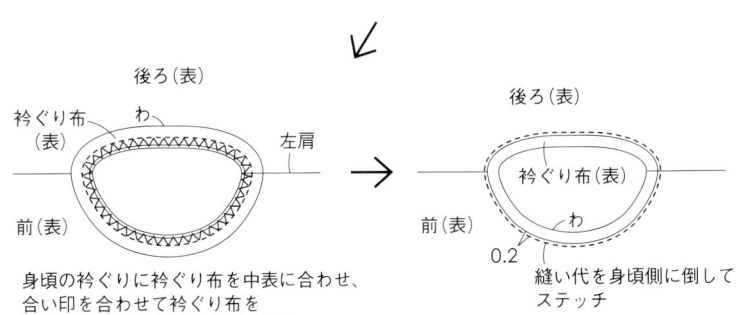

後ろ(表)
衿ぐり布(表)　わ
左肩
前(表)

身頃の衿ぐりに衿ぐり布を中表に合わせ、
合い印を合わせて衿ぐり布を
伸ばしながらロックミシンで縫う

後ろ(表)
衿ぐり布(表)
わ
前(表)
0.2
縫い代を身頃側に倒して
ステッチ

出来上がり寸法　　　　(単位はcm)

サイズ	S	M	L	LL
バスト	104	109	114	119
ヒップ	114	119	124	129
袖丈	51.2	52.2	53.2	54.2
着丈	62.8	63.8	66.4	65.8

別布

衿ぐり布(1枚)
10cm
60cm

 p.6、22、24　実物大パターン1面

【材料】

表布（コットンフライス）…138cm幅
(S)1m50cm、(M)1m60cm、(L)1m70cm、(LL)1m80cm
接着芯…3×7cm
接着テープ…1.5cm幅40cm
ゴムテープ…4cm幅
(S)64cm、(M)69cm、(L)74cm、(LL)79cm
ひも…太さ0.5cmを1m70cm

【下準備】

・ウエストベルトのひも通し口位置の裏面に、接着芯をはる。
・前パンツ脇のポケット口縫い代の裏面に、接着テープをはる。

【縫い方順序】

1　ポケットを作り、脇をロックミシンで縫う→図

2　後ろ股下を0.8cm伸ばし、前股下とロックミシンで縫う。縫い代は後ろ側に倒す

3　裾布を縫う→図

4　裾布をロックミシンでつける→図

5　股ぐりをロックミシンで縫う→p.40-4

6　ウエストベルトを作る→図

7　ウエストベルトをつける→p.45-7

8　ウエストベルトにひもを通す。
　ひもの端はひと結びする、糸でかがる、
　ループエンドをつけるなど好みの方法で
　始末する

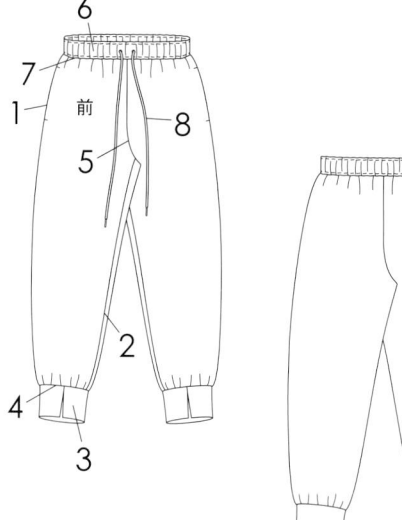

【裁合せ図】

表布

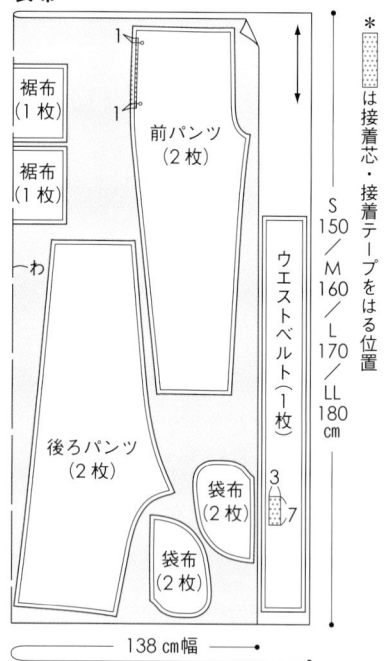

*は接着芯・接着テープをはる位置

出来上り寸法　　　　　　　（単位はcm）

サイズ	S	M	L	LL
ウエスト	90	95	100	105
ヒップ	94	99	104	109
パンツ丈	94.8	96.3	97.8	99.3

※ウエストはゴムテープを入れる前の寸法

1　ポケットを作り、脇をロックミシンで縫う

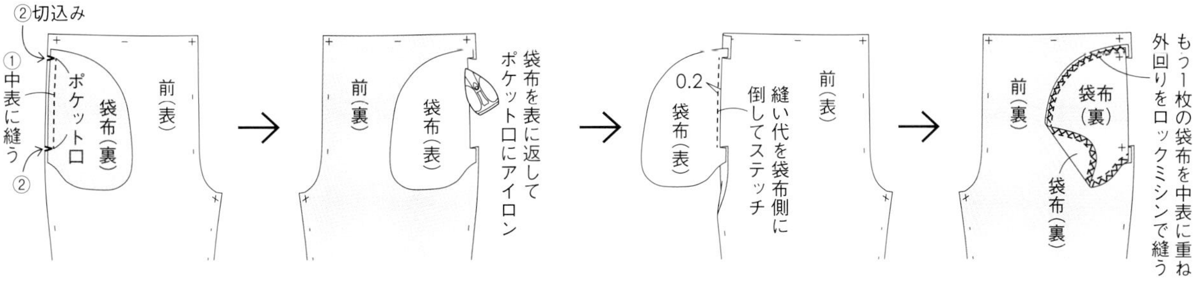

②切込み
①中表に縫う
②
ポケット口
袋布（裏）
前（表）

→

前（裏）
袋布（表）
袋布を表に返してポケット口にアイロン

→

0.2
縫い代を袋布側に倒してステッチ
袋布（表）
前（裏）

→

前（裏）
袋布（裏）
袋布（裏）
もう1枚の袋布を中表に重ね外回りをロックミシンで縫う

3　裾布を縫う

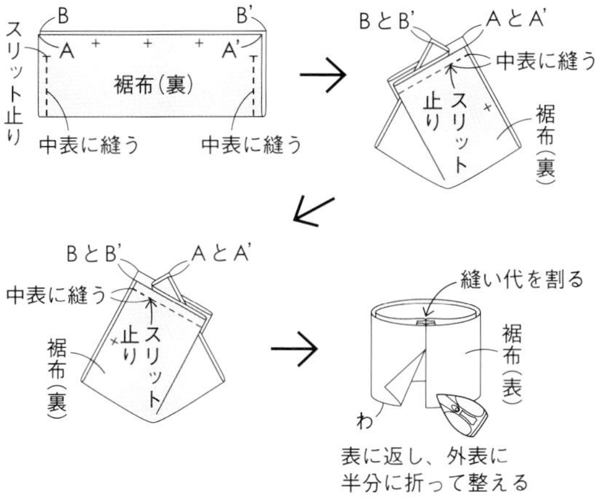

B　B'
A　A'
スリット止り
裾布（裏）
中表に縫う　　中表に縫う

→

BとB'　AとA'
中表に縫う
スリット止り
裾布（裏）
スリット

BとB'　AとA'
中表に縫う
スリット止り
裾布（裏）

→

縫い代を割る
裾布（表）
わ
表に返し、外表に半分に折って整える

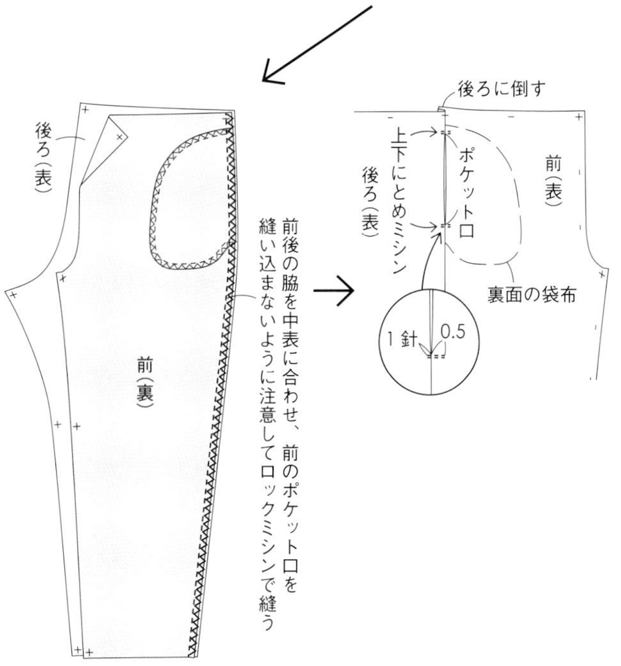

後ろ（表）
前（裏）
前後の脇を中表に合わせ、前のポケット口を縫い込まないように注意してロックミシンで縫う

→

後ろに倒す
上下にとめミシン
後ろ（表）
ポケット口
前（表）
裏面の袋布
1針　0.5

4　裾布をロックミシンでつける

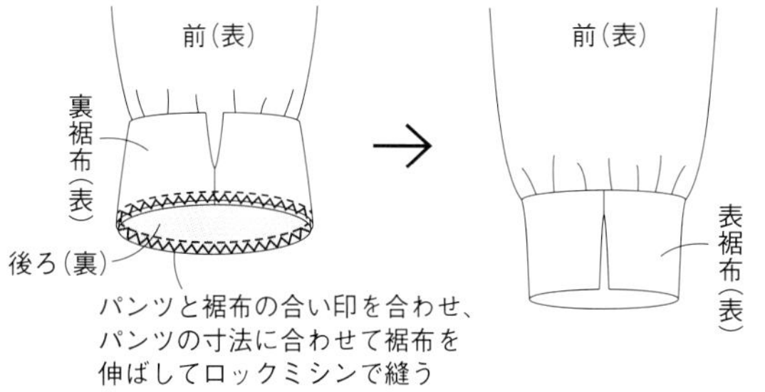

前（表）
裏裾布（表）
後ろ（裏）
パンツと裾布の合い印を合わせ、パンツの寸法に合わせて裾布を伸ばしてロックミシンで縫う

→

前（表）
表裾布（表）

6　ウエストベルトを作る

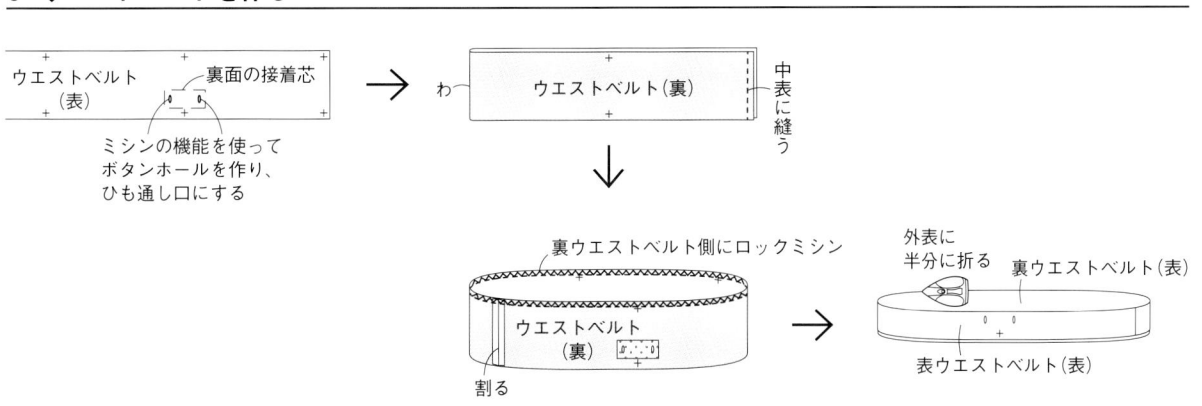

ウエストベルト（表）
裏面の接着芯
ミシンの機能を使ってボタンホールを作り、ひも通し口にする

→

わ
ウエストベルト（裏）
中表に縫う

↓

裏ウエストベルト側にロックミシン
ウエストベルト（裏）
割る

→

外表に半分に折る
裏ウエストベルト（表）
表ウエストベルト（表）

p.8　実物大パターン2面

【材料】

表布（コットンフライス）…138cm幅
（S、M）2m40cm、（L、LL）2m50cm
接着芯…90cm幅30cm
接着テープ…1cm幅適宜

【作り方ポイント】

前中心のタックをとめるステッチは、配色のよい色の糸を使う。

【下準備】

各見返しに接着芯を、衿ぐり、袖ぐり、後ろ身頃の肩には接着テープをはる。→写真プロセス

【縫い方順序】

1 肩を縫う→写真プロセス

2 衿ぐり、後ろあきを縫って前のタックをたたむ→写真プロセス

3 袖ぐりの縁とりをする→p.36-6
　ただし1.2cm幅で縫う

4 脇をロックミシンで縫う。
　縫い代は後ろ側に倒す

5 裾の始末をする。裾縫い代に差動を使って縮めながらロックミシンをかけ、縫い代を折り上げてステッチをかける

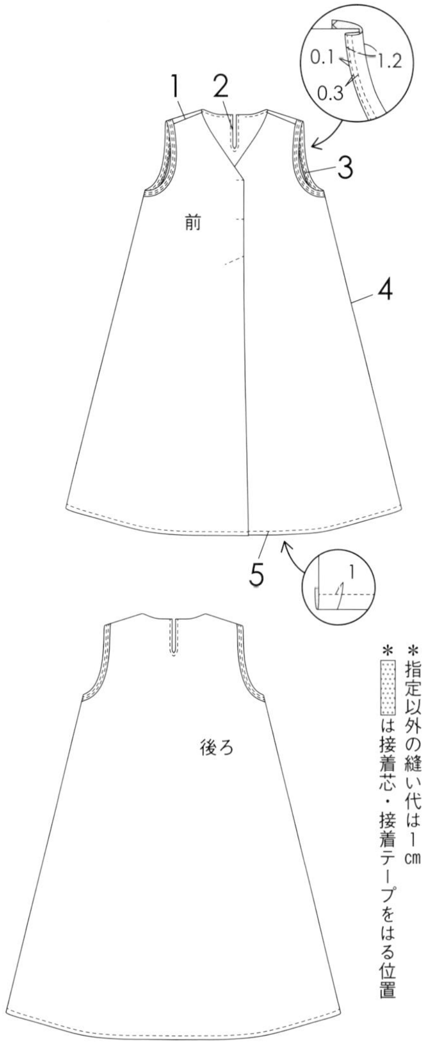

1　2

0.1　1.2
0.3

3

前

4

5

1

後ろ

【裁合せ図】

表布

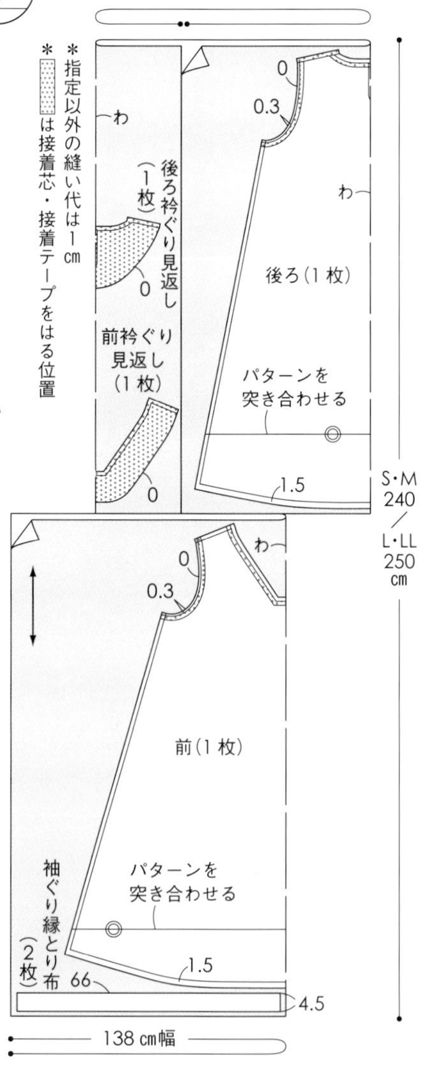

＊指定以外の縫い代は1cm
＊ は接着芯・接着テープをはる位置

わ

0

0.3

後ろ衿ぐり見返し（1枚）

0

前衿ぐり見返し（1枚）

0

後ろ（1枚）

わ

パターンを突き合わせる

1.5

0

0.3

前（1枚）

わ

パターンを突き合わせる

1.5

袖ぐり縁とり布（2枚）

66

4.5

138cm幅

S・M 240
L・LL 250 cm

出来上り寸法				(単位はcm)
サイズ	S	M	L	LL
バスト	108	113	118	123
着丈	106.2	107.7	109.2	110.7

※着丈は後ろ中心の衿ぐりからの長さ

下準備

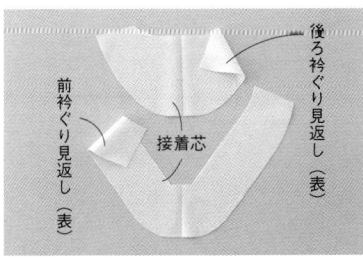

1 後ろ衿ぐり見返し、前衿ぐり見返しの裏面にアイロンで接着芯をはる。

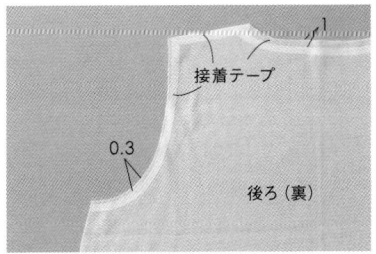

2 衿ぐり、袖ぐり、後ろ身頃の肩の裏面にアイロンで接着テープをはる。後ろの肩は縫い代に、袖ぐりは布端の0.3cm内側に、衿ぐりは1cm内側(出来上り線)にはる。

1 肩を縫う

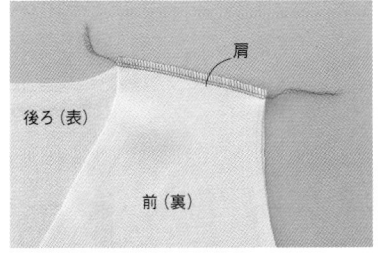

1 前身頃と後ろ身頃の肩を中表に合わせてロックミシンで縫う。縫い代は後ろ側に倒してアイロンで整えておく。

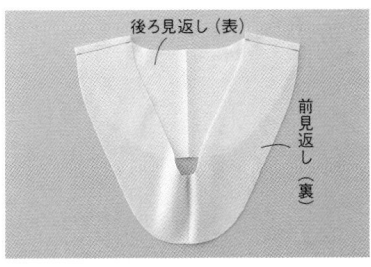

2 後ろ衿ぐり見返しと前衿ぐり見返しの肩を中表に合わせて縫う。

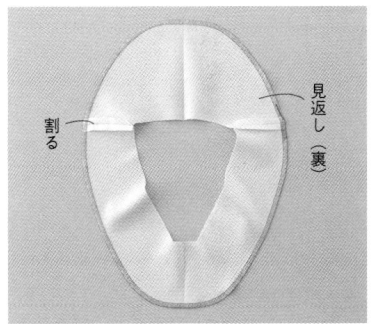

3 見返しの肩縫い代を割り、見返しの外回りにロックミシンをかける。

2 衿ぐり、後ろあきを縫って前のタックをたたむ

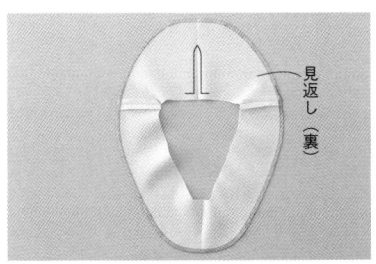

1 衿ぐり見返しの裏面に、後ろ中心のあきの出来上り線を描く。

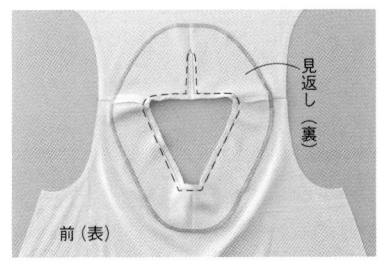

2 身頃と衿ぐり見返しを中表に合わせ、衿ぐり〜後ろあきを続けて縫う。

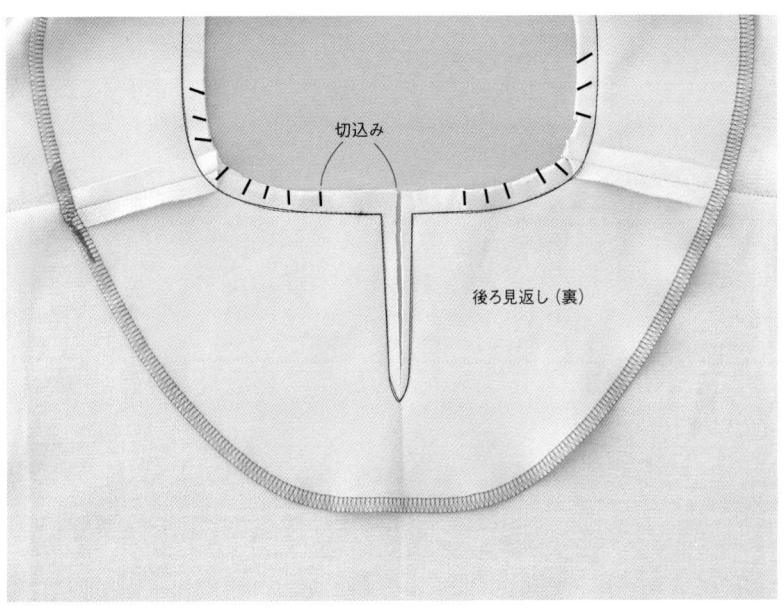

3 後ろあきのU字に縫った中央に切込みを入れる。衿ぐりのカーブの強い箇所の縫い代にも切込みを入れる。

52ページに続く

51ページから続く

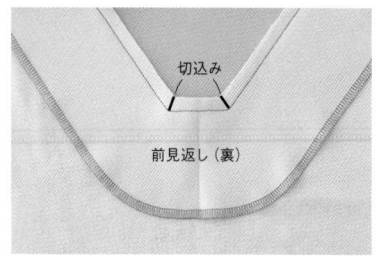

4 前衿ぐりの角の縫い代に切込みを入れる。

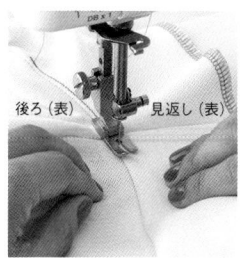
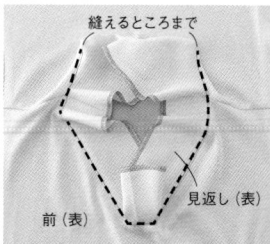
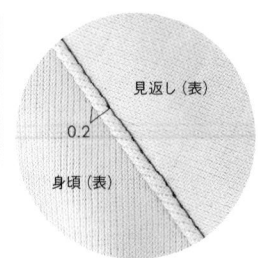

5 見返しを表に返し、衿ぐりの縫い代を見返し側に倒しながら身頃をよけて、見返しの表面から衿ぐりの際にステッチをかける。後ろあきの角まではミシンがかけられないので、縫えるところから縫えるところまでを縫う。

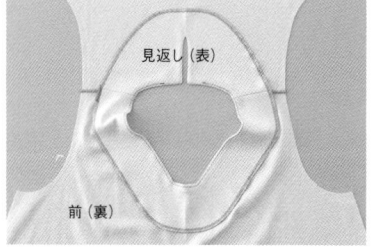

6 見返しを身頃の裏面に返して衿ぐり、後ろあきをアイロンで整える。

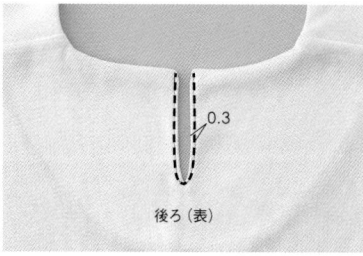

7 身頃の表面から、後ろあきにステッチをかける。

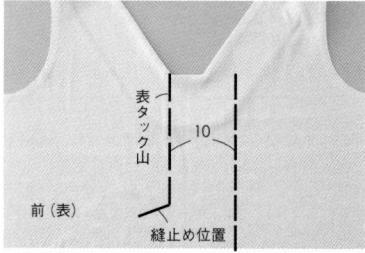

8 前身頃の表面に、表タック山、縫止め位置、表タック山から10cm左前身頃側に写真のようにチョークで印をつける。

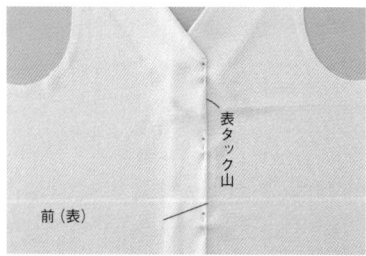

9 表タック山を左前身頃側の印に合わせてたたみ、まち針でとめる。

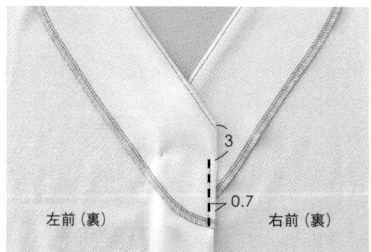

10 前身頃の裏面から右前身頃だけをよけ、右前見返しは一緒に、陰タック山の写真の位置を縫う。

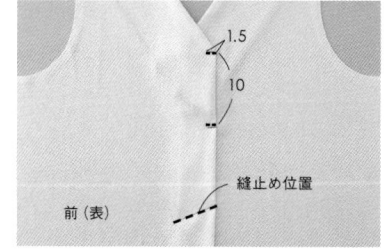

11 前身頃の表面から、下まで通して3か所にステッチをかけてタックをとめる。上の2か所は配色の糸を使ってアクセントにするとよい。

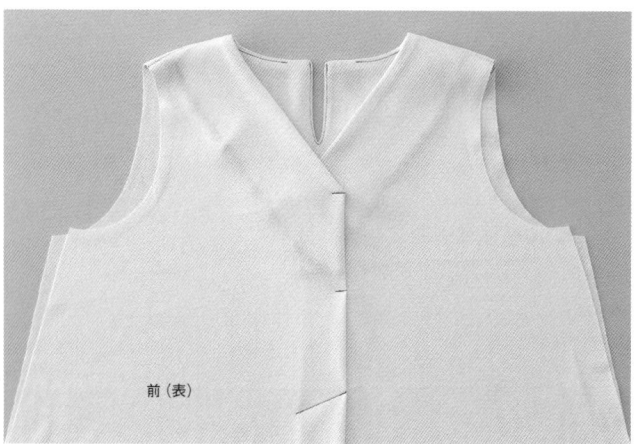

12 後ろあき、衿ぐり、前タックの出来上り。

f p.10　実物大パターン2面

【材料】
表布（強撚コットン天竺）…145cm幅
（S、M）1m30cm、（L、LL）1m50cm
接着テープ…1cm幅適宜

【下準備】
・後ろ身頃裏面の肩縫い代、前後の衿ぐりの
裏面に接着テープをはる。衿ぐりは布端の0.5cm
内側にはる。

【縫い方順序】
1 裾の始末をする→p.34-1
　　ただしステッチは2cm幅、0.5cm幅でかける
2 右肩をロックミシンで縫う→p.35-2
3 衿ぐりの縁とりをする→p.59-3
4 左肩をロックミシンで縫う→p.36-4
5 袖口〜脇を縫う→p.59-5
　　ただしステッチは2cm、0.5cm幅でかける

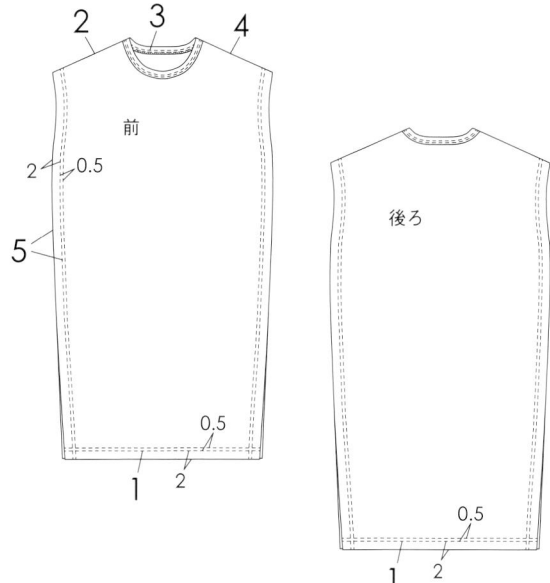

【裁合せ図】

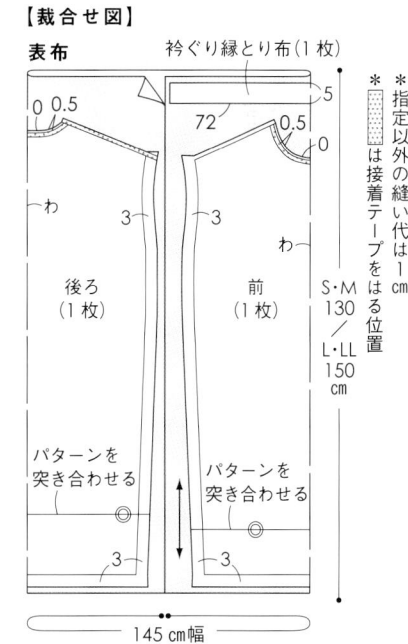

表布
衿ぐり縁とり布（1枚）

後ろ（1枚）
前（1枚）

パターンを突き合わせる
パターンを突き合わせる

S・M 130
L・LL 150 cm

※指定以外の縫い代は1cm
※ \\\\\\\\ は接着テープをはる位置

145cm幅

出来上り寸法				(単位はcm)
サイズ	S	M	L	LL
バスト	115	120	125	130
ヒップ	112	117	122	127
着丈	107.3	108.8	110.3	111.8

g p.11　実物大パターン2面

【材料】

表布（3Dボーダーコットン天竺）…145cm幅
70cm
別布（リヨセル天竺）（衿ぐり縁とり布・ひも用）
…80×65cm
接着テープ…1cm幅適宜

【下準備】

後ろ肩縫い代の裏面と前後衿ぐりに接着テープをはる。衿ぐりは布端の0.5cm内側に接着テープをはる。

【縫い方順序】

1 ひもを作る。ひもは0.8cm幅の四つ折りにして
　ステッチをかけてから、片側の端だけ
　縫い代を折ってステッチでとめる

2 裾の始末をする→p.34-1
　ただしステッチは2cm幅を1本だけかける

3 右肩をロックミシンで縫う→p.35 2

4 衿ぐりの縁とりをする→p.59-3

5 左肩をロックミシンで縫う→p.36-4

6 袖ぐり〜脇の始末をしてひもをつける→図

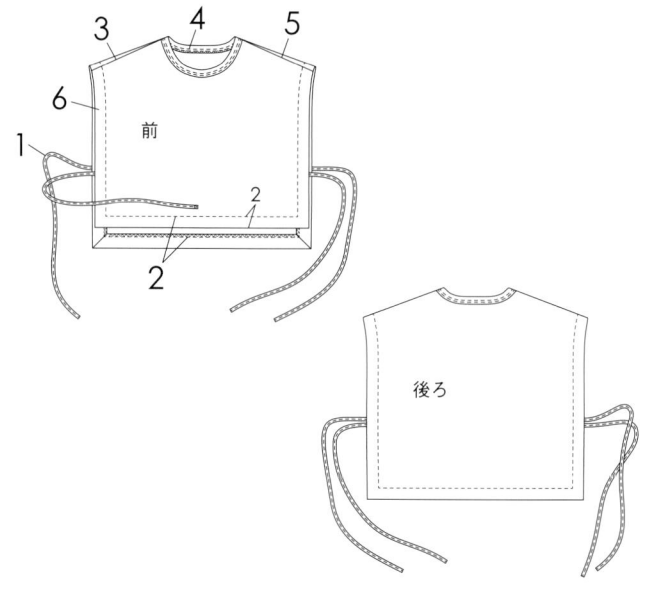

6　袖ぐり〜脇の始末をしてひもをつける

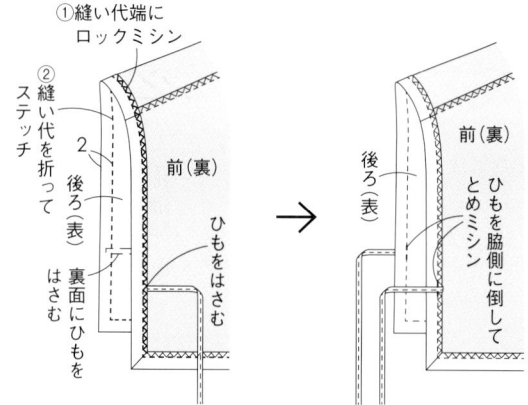

p.39-3 を参照して角を額縁に縫い、
脇、裾にステッチ

【裁合せ図】

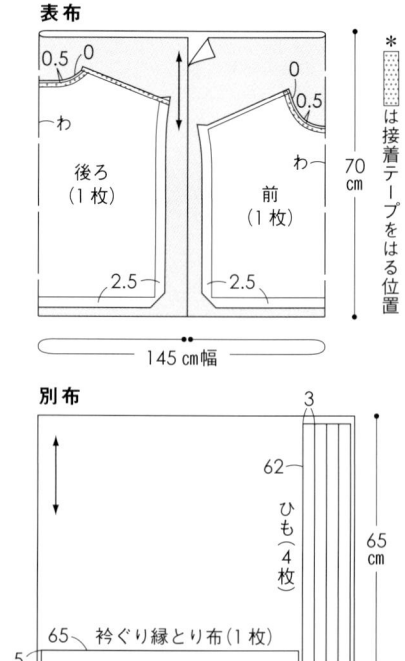

出来上り寸法　(単位はcm)

サイズ	S	M	L	LL
バスト	111.5	116.5	121.5	126.5
着丈	52	53	54	55

k

p.14　実物大パターン3面

【材料】

表布（ドットポリエステルチュール）…105cm幅
（S、M）1m50cm、（L、LL）1m60cm
別布（強撚コットン天竺）…65×30cm
接着テープ…1cm幅適宜

【下準備】

・後ろ身頃と後ろ衿ぐり布の肩縫い代裏面と、前
後衿ぐり布の衿ぐりの裏面に接着テープをはる。
衿ぐりは布端の0.3cm内側にはる。

【縫い方順序】

1　衿ぐり布と身頃をロックミシンで
　縫い合わせる→図

2　右肩をロックミシンで縫う→p.35−2

3　衿ぐりの縁とりをする→p.59−3
　ただし衿ぐりは1.2cm幅で縫う

4　左肩をロックミシンで縫う→p.36−4

5　袖口の始末をする→p.63−5
　ただしステッチは1cm幅、0.5cm幅でかける

6　袖をロックミシンでつける→p.71−9

7　袖下〜脇を続けてロックミシンで縫う→図

8　裾の始末をする→p.34−1
　ただしステッチは2cm幅、0.5cm幅でかける

【裁合せ図】
表布

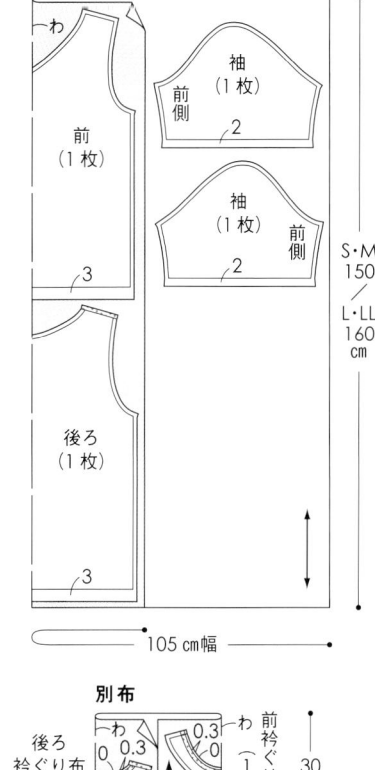

別布

＊指定以外の縫い代は1cm
＊▧▧▧は接着テープをはる位置

1　衿ぐり布と身頃をロックミシンで縫い合わせる

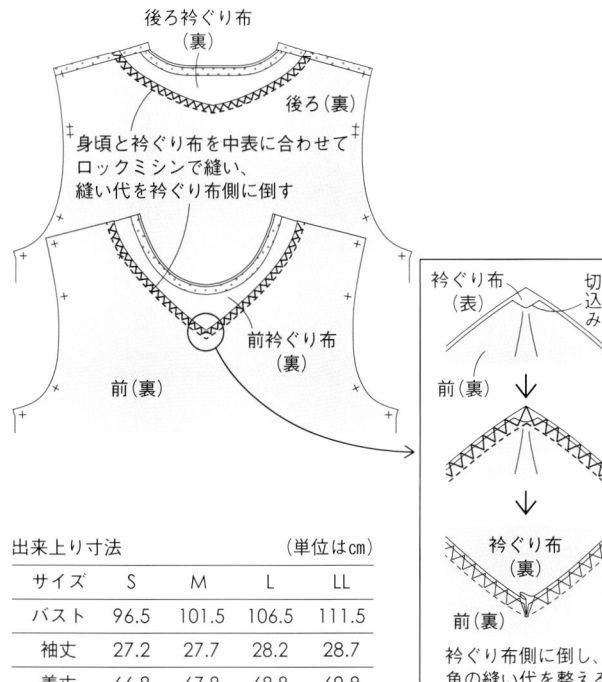

出来上り寸法　　　　　　　　（単位はcm）

サイズ	S	M	L	LL
バスト	96.5	101.5	106.5	111.5
袖丈	27.2	27.7	28.2	28.7
着丈	66.8	67.8	68.8	69.8

7　袖下〜脇を続けてロックミシンで縫う

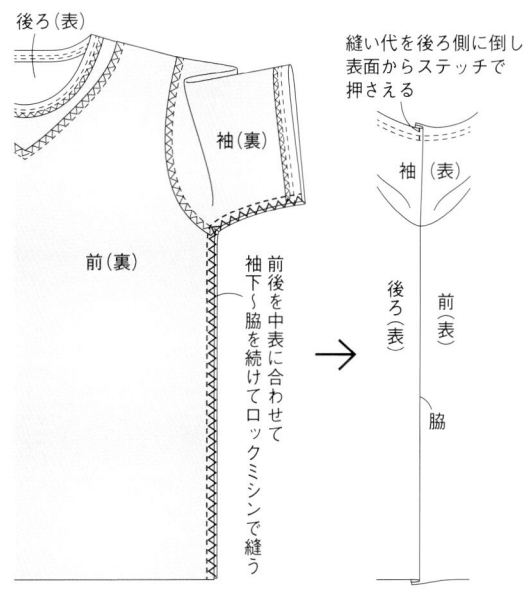

i
p.12　実物大パターン3面

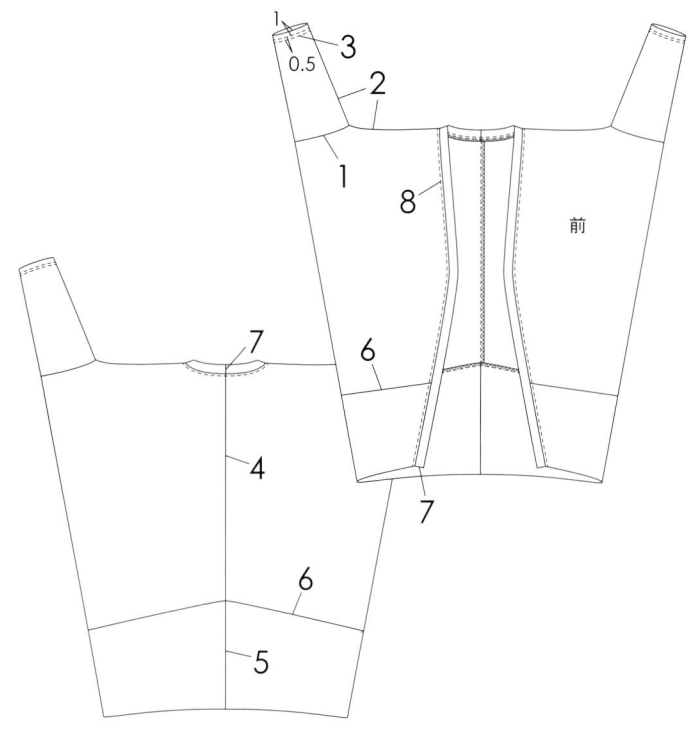

【材料】

表布（強撚コットン天竺）…145cm幅
（S、M）2m10cm、（L、LL）2m30cm
接着テープ…1cm幅適宜

【下準備】

後ろ身頃裏面の肩縫い代に接着テープをはる。

【縫い方順序】

1 袖をロックミシンでつける→図

2 身頃の肩〜袖中心を続けてロックミシンで縫う
　→図

3 袖口の始末をする。袖口縫い代に
　ロックミシンをかけ、縫い代を裏面に折って
　2本ステッチをかける

4 身頃の後ろ中心をロックミシンで縫う。
　縫い代は左身頃側に倒す

5 前後裾布の後ろ中心を縫う→図

6 前後身頃と前後裾布をロックミシンで
　縫い合わせる→図

7 衿・前立てを縫う→図

8 衿・前立てをつける→図

【裁合せ図】

表布

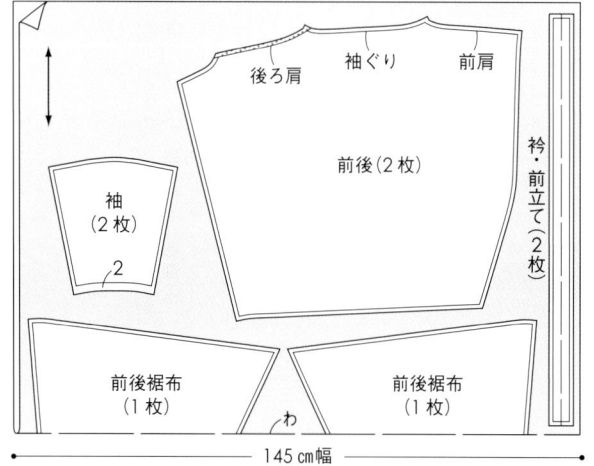

＊指定以外の縫い代は1cm
＊▒▒▒▒は接着テープをはる位置

出来上り寸法　　　　　　　　　　（単位はcm）

サイズ	S	M	L	LL
バスト	171	176	181	186
袖丈	29.1	29.7	30.3	30.9
着丈	83.3	84.8	86.3	87.8

1　袖をロックミシンでつける

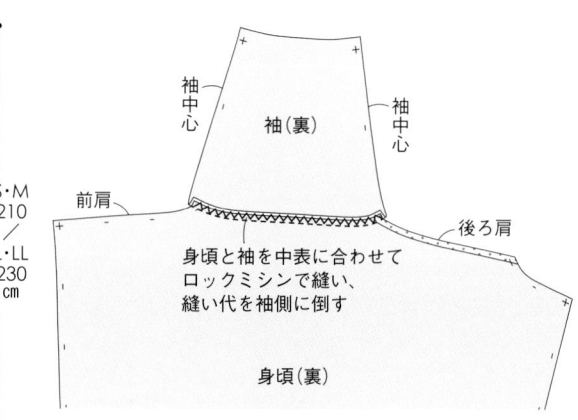

身頃と袖を中表に合わせて
ロックミシンで縫い、
縫い代を袖側に倒す

2　身頃の肩〜袖中心を続けてロックミシンで縫う

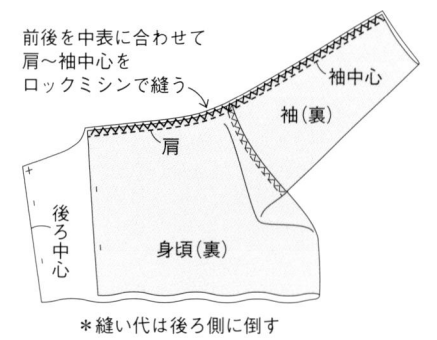

前後を中表に合わせて
肩〜袖中心を
ロックミシンで縫う

＊縫い代は後ろ側に倒す

5 前後裾布の後ろ中心を縫う

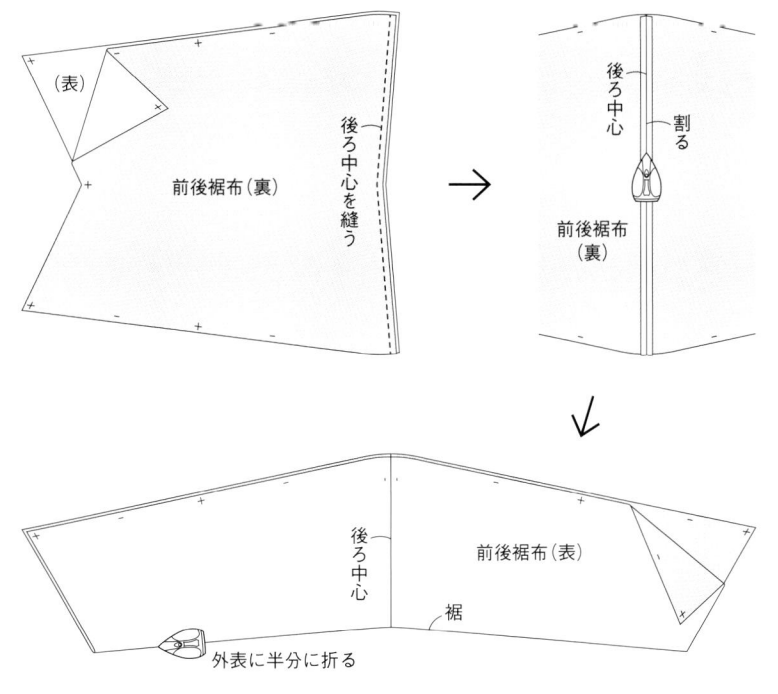

（表）

前後裾布（裏）

後ろ中心を縫う

後ろ中心

割る

前後裾布（裏）

後ろ中心

前後裾布（表）

裾

外表に半分に折る

6 前後身頃と前後裾布をロックミシンで縫い合わせる

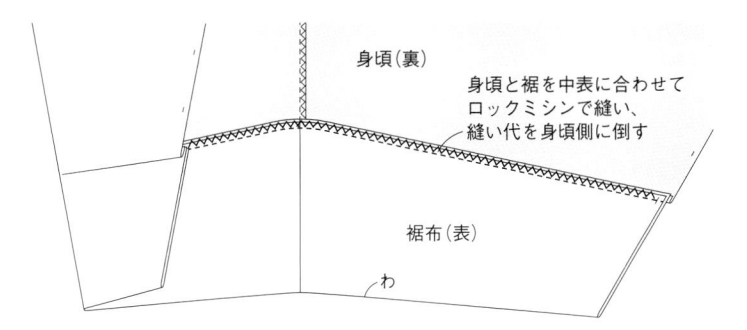

身頃（裏）

身頃と裾を中表に合わせて
ロックミシンで縫い、
縫い代を身頃側に倒す

裾布（表）

わ

7 衿・前立てを縫う

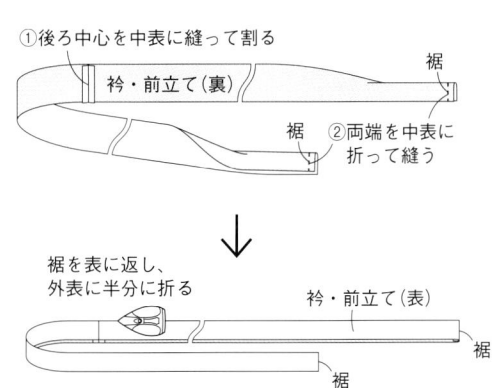

①後ろ中心を中表に縫って割る

衿・前立て（裏）

裾

裾

②両端を中表に
折って縫う

裾を表に返し、
外表に半分に折る

衿・前立て（表）

裾

裾

8 衿・前立てをつける

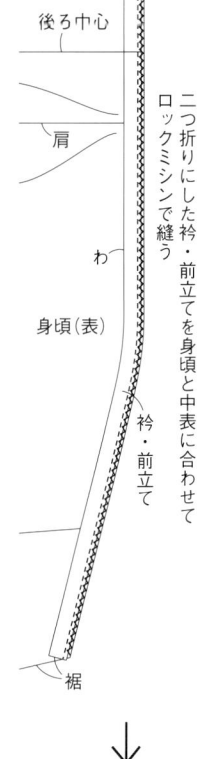

後ろ中心

肩

わ

身頃（表）

衿・前立て

二つ折りにした衿・前立てを身頃と中表に合わせて
ロックミシンで縫う

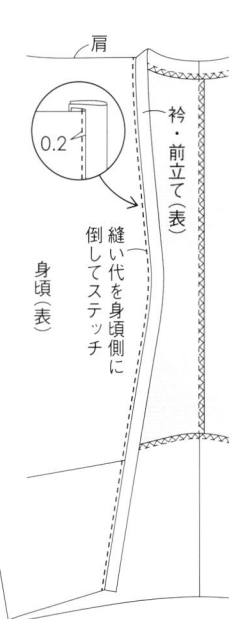

肩

0.2

衿・前立て（表）

身頃（表）

縫い代を身頃側に
倒してステッチ

j

p.11、12　実物大パターン2面

【材料】

p.11（下に着用）の表布（リヨセル天竺）
…145cm幅（S、M）80cm、（L、LL）1m
p.12の表布（カモフラージュジャカードコットン天竺）
…145cm幅（S、M）1m30cm、（L、LL）1m40cm
接着テープ…1cm幅適宜

【作り方ポイント】

p.12の表布はボーダージャカードの布。身頃は横地
に使って縦ストライプに、衿ぐり縁とり布はバイアス
のストライプにする。無地の場合は身頃、衿ぐり縁と
り布とも縦地で裁断する。

【下準備】

後ろ身頃裏面の肩縫い代、前後衿ぐりの裏面に接
着テープをはる。衿ぐりは布端の0.5cm内側にはる。

【縫い方順序】

1　裾の始末をする→p.34-**1**
2　右肩をロックミシンで縫う→p.35-**2**
3　衿ぐりの縁とりをする→図
4　左肩をロックミシンで縫う→p.36-**4**
5　袖口～脇を縫う→写真プロセス

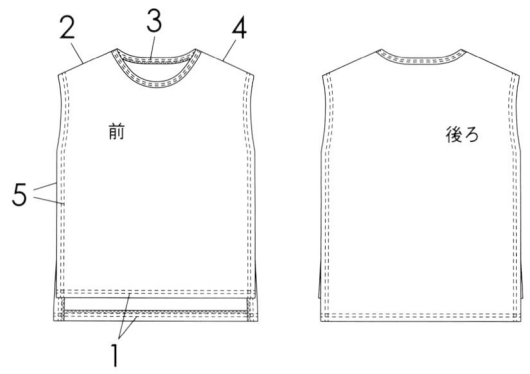

【裁合せ図】

表布（p.11 無地）

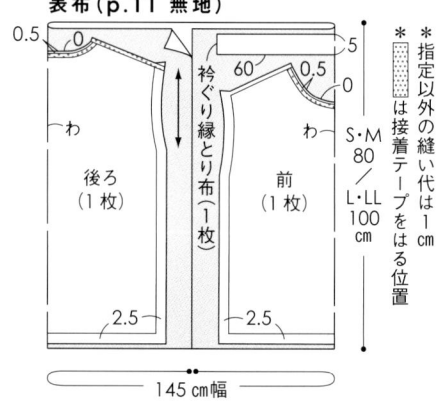

表布（p.12 ボーダー）

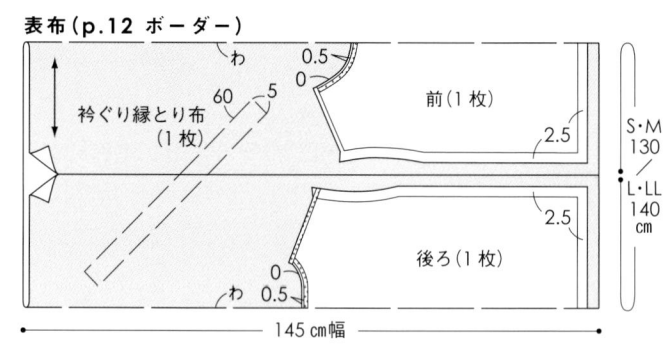

出来上り寸法			（単位はcm）	
サイズ	S	M	L	LL
バスト	103.5	108.5	113.5	118.5
着丈	68	69	70	71

3 衿ぐりの縁とりをする

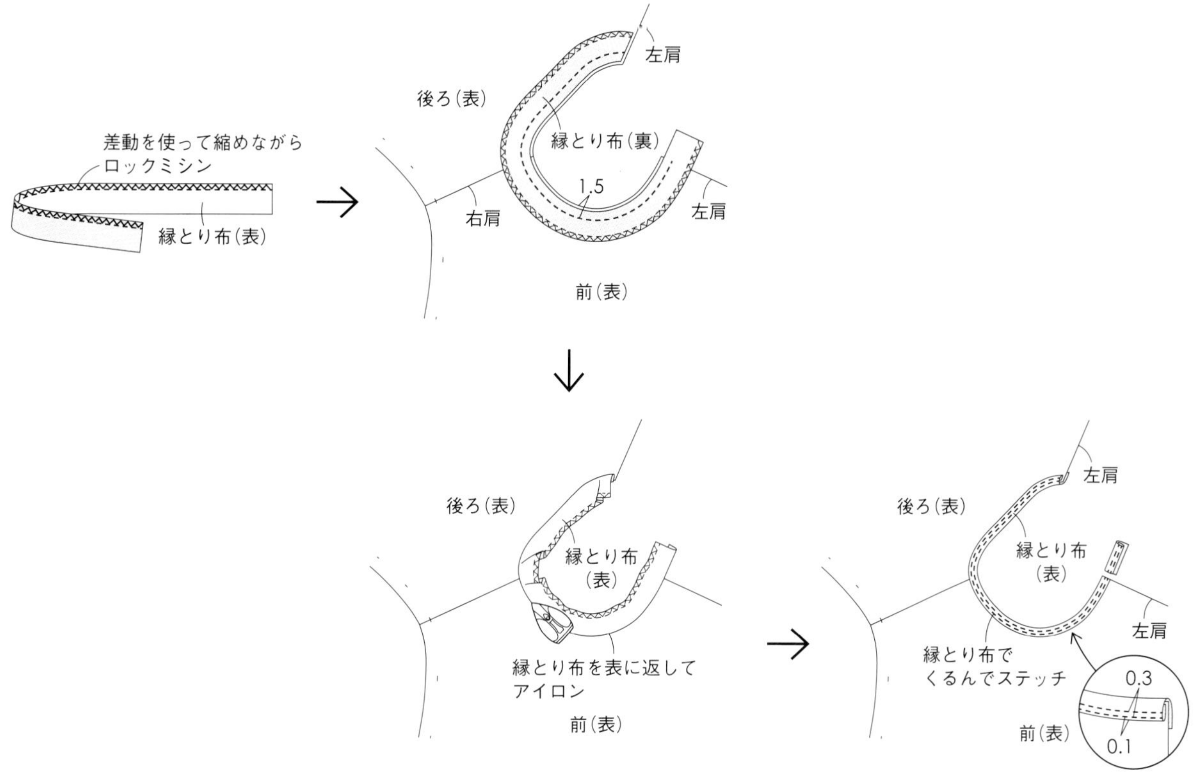

差動を使って縮めながら
ロックミシン
縁とり布（表）

後ろ（表）
縁とり布（裏）
左肩
1.5
右肩
左肩
前（表）

後ろ（表）
縁とり布（表）

縁とり布を表に返して
アイロン
前（表）

後ろ（表）
縁とり布（表）
左肩
左肩
縁とり布で
くるんでステッチ
前（表）
0.3
0.1

5 袖口〜脇を縫う

袖口〜脇は2.5cm幅の縫い代をつけて裁ち、脇を縫ったら縫い代を
割って2本のステッチで縫い代を押さえる。

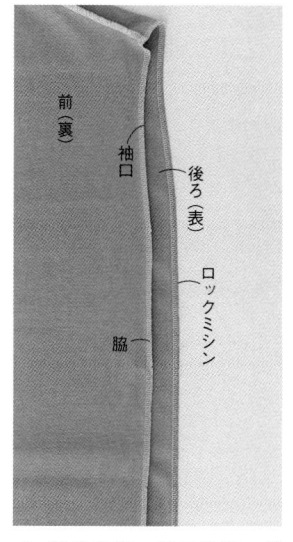

前（裏）
袖口
後ろ（表）
ロックミシン
脇

1 前後の脇〜袖口の縫い代を続けてロックミシンで始末する。

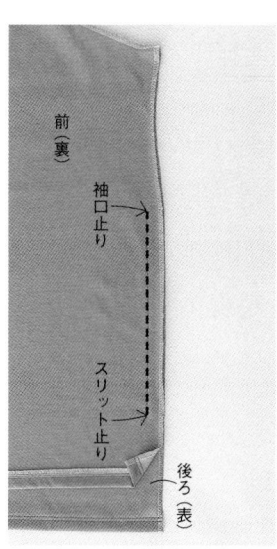

前（裏）
袖口止り
スリット止り
後ろ（表）

2 前身頃と後ろ身頃の脇を中表に合わせ、袖口止り〜スリット止りまでを縫う。

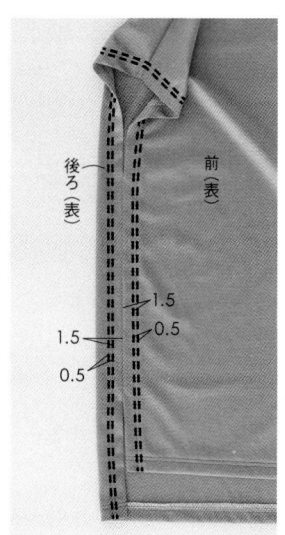

後ろ（表）
前（表）
1.5
0.5
1.5
0.5

3 脇の縫い代をアイロンで割り、袖口とスリットの縫い代はアイロンで折る。次に前の裾から後ろの裾まで、前脇〜袖口〜後ろ脇に続けてステッチを2本かける。

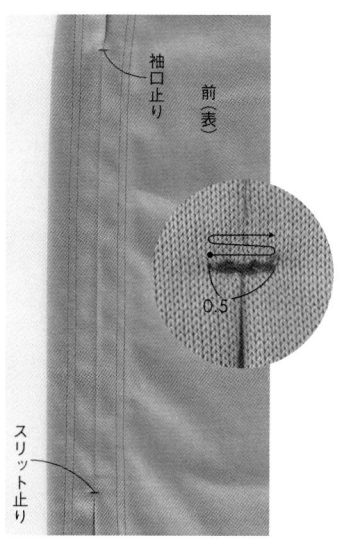

袖口止り
前（表）
スリット止り
0.5

4 袖口止りとスリット止りに、補強のためにとめミシンをかける。とめミシンは3〜4回重ねて縫う。

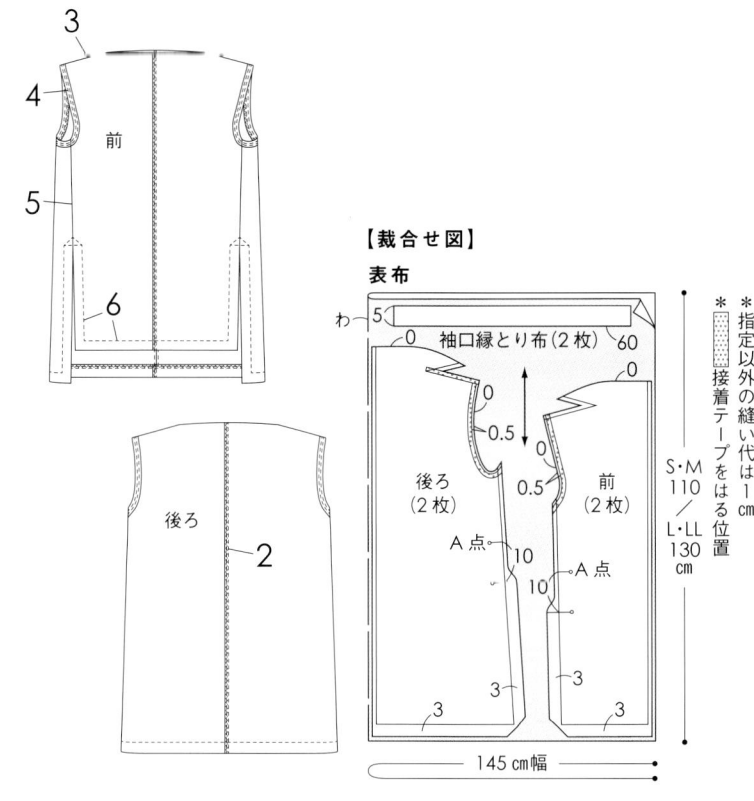

【材料】

表布(コットンリヨセルポンチ)…145cm幅
(S、M)1m10cm、(L、LL)1m30cm
接着テープ…1cm幅適宜

【作り方ポイント】

前中心、後ろ中心はロックミシン目を表に出す
ので、外表に合わせてロックミシンで縫い、縫
い代を片側に倒してステッチで押さえる。ミシ
ン糸は配色のいい色を選んでアクセントにす
るといい。

【下準備】

・前身頃、後ろ身頃の脇スリット位置に、脇縫
いのための印をつける。→図
・後ろ身頃裏面の肩縫い代、前後の袖口の
裏面に接着テープをはる。袖口の接着テープ
は布端の0.5cm内側にはる。→図

【縫い方順序】

1 前中心をロックミシンで縫う
　→写真プロセス

2 前中心と同じ要領で、後ろ中心を
　ロックミシンで縫う

3 肩をロックミシンで縫い、衿ぐりを整える
　→図

4 袖口の縁とりをする→p.36-6

5 脇をロックミシンで縫う→図

6 裾、スリットの始末をする→図

【裁合せ図】

表布

1 前中心をロックミシンで縫う

1 左右の前身頃を外表に合わせ、前中
心をロックミシンで縫う。縫い代を右身
頃側に倒すので、左身頃を上にしてロ
ックミシンをかける。

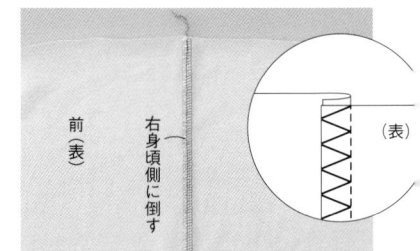

2 1の縫い代を右身頃側に倒してアイロ
ンで整える。

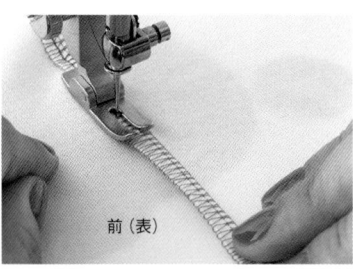

3 倒した縫い代にステッチをかけて縫い
代を押さえる。ステッチはロックミシン
目の中間にかける。

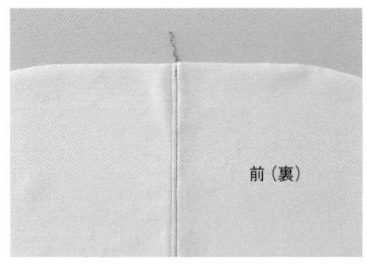

4 裏面の状態。前中心の縫い目の横に
ステッチがかかっている。

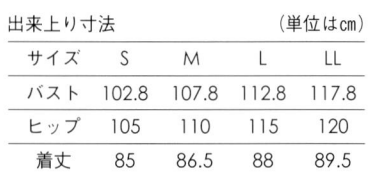

出来上り寸法　　　　　　(単位はcm)

サイズ	S	M	L	LL
バスト	102.8	107.8	112.8	117.8
ヒップ	105	110	115	120
着丈	85	86.5	88	89.5

下準備

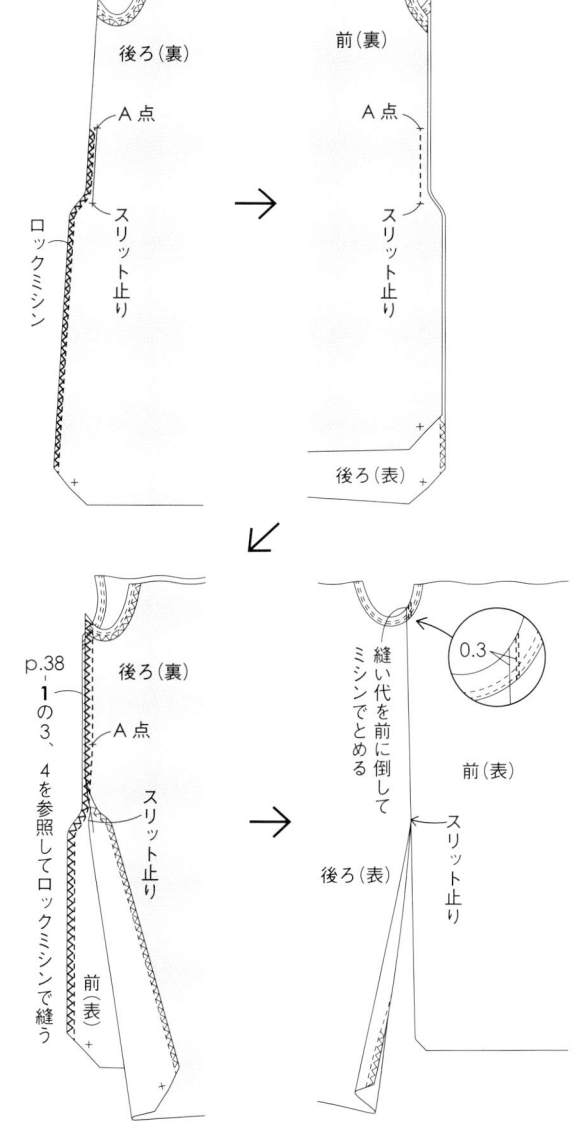

接着テープ

0.5   0.5

前（裏）   後ろ（裏）

A点   A点
1   1
10   10
スリット止り   スリット止り

5 脇をロックミシンで縫う

後ろ（裏）   前（裏）

A点   A点

ロックミシン   スリット止り   スリット止り

後ろ（表）

p.38-1の3、4を参照してロックミシンで縫う

後ろ（裏）

A点

スリット止り

前（表）

0.3

縫い代を前に倒してミシンでとめる

後ろ（表）

前（表）

スリット止り

3 肩をロックミシンで縫い、衿ぐりを整える

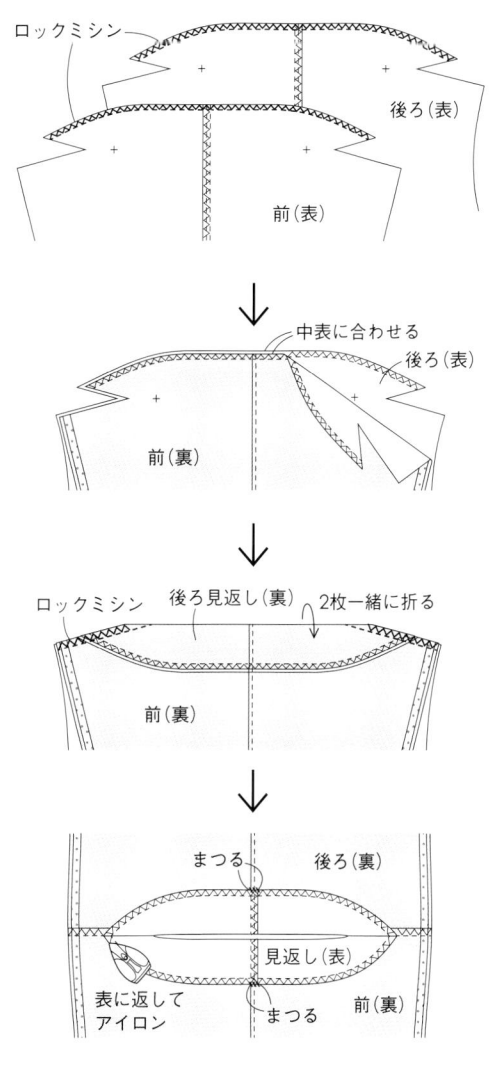

ロックミシン

後ろ（表）

前（表）

中表に合わせる   後ろ（表）

前（裏）

ロックミシン   後ろ見返し（裏）   2枚一緒に折る

前（裏）

まつる   後ろ（裏）

見返し（表）

表に返してアイロン   まつる   前（裏）

6 裾、スリットの始末をする

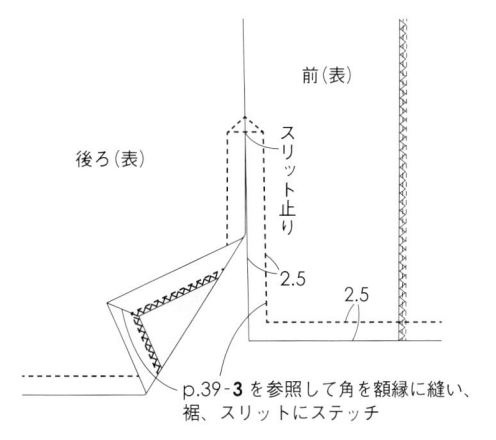

前（表）

後ろ（表）   スリット止り

2.5

2.5

p.39-3を参照して角を額縁に縫い、裾、スリットにステッチ

m p.16　実物大パターン3面

【材料】
表布（リヨセル天竺）…145cm幅
（S、M）1m20cm、（L、LL）1m40cm
接着テープ…1cm幅適宜

【作り方ポイント】
・前、後ろ身頃裏面の脇スリット位置に、脇縫い
のための印をつける。→図
・後ろ身頃裏面の肩縫い代、前後身頃裏面の
衿ぐりに接着テープをはる。衿ぐりは布端の0.5
cm内側にはる。→図

【縫い方順序】
1 裾の始末をする→p.34-1
　ただしステッチは2cm幅、0.5cm幅でかける
2 右肩をロックミシンで縫う→p.35-2
3 衿ぐりの縁とりをする→p.59-3
4 左肩をロックミシンで縫う→p.36-4
5 袖口の始末をする→p.63-5
6 袖をロックミシンでつける→p.71-9
7 袖下〜脇を続けてロックミシンで縫い、
　スリットの始末をする→図

【裁合せ図】
表布

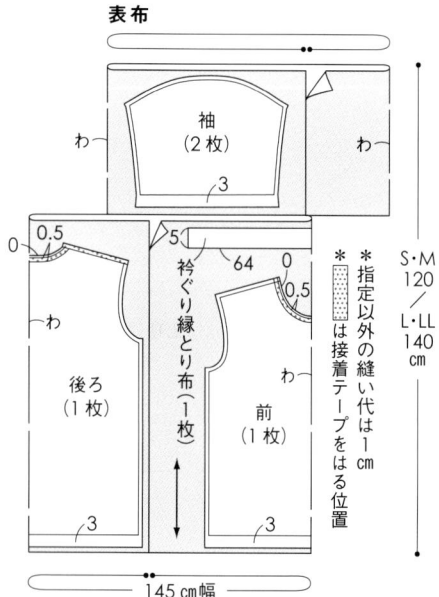

＊指定以外の縫い代は1cm
＊▨は接着テープをはる位置

出来上り寸法　　　　　（単位はcm）

サイズ	S	M	L	LL
バスト	104.3	109.3	114.3	119.3
袖丈	27.5	28	28.5	29
着丈	67.5	68.5	69.5	70.5

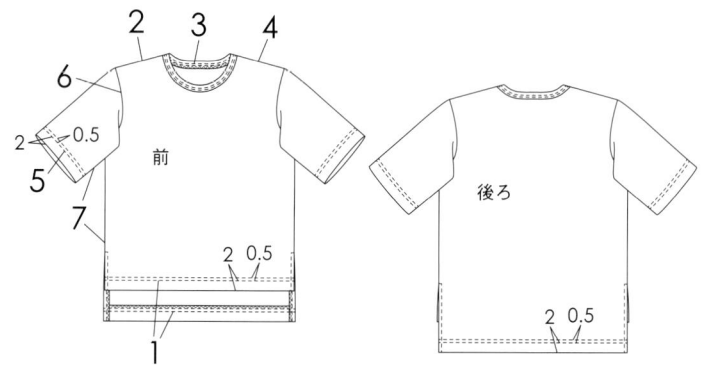

下準備

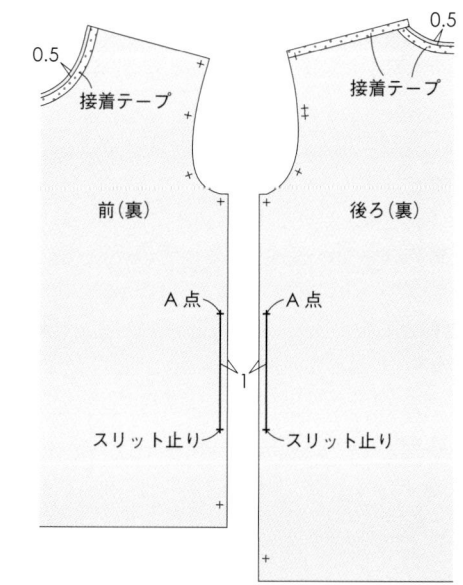

7 袖下〜脇を続けてロックミシンで縫い、スリットの始末をする

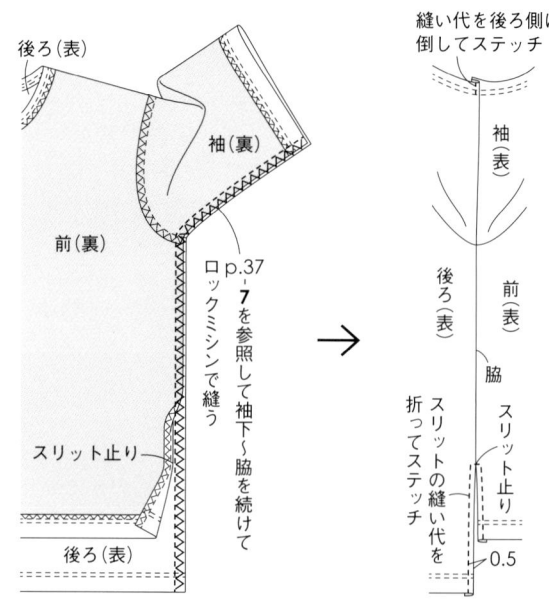

62

n p.17　実物大パターン3面

【材料】
表布（リヨセル天竺）…145cm幅
（S、M）1m40cm、（L、LL）1m60cm
接着テープ…1cm幅適宜

【下準備】
・前、後ろ身頃裏面の脇スリット位置に、脇縫いのための印をつける。→図
・後ろ身頃裏面の肩縫い代、前後身頃裏面の衿ぐりに接着テープをはる。衿ぐりは布端の0.5cm内側にはる。→図

【縫い方順序】
1 裾の始末をする→p.34-1
　　ただしステッチは2cm幅、0.5cm幅でかける
2 右肩をロックミシンで縫う→p.35-2
3 衿ぐりの縁とりをする→p.59-3
4 左肩をロックミシンで縫う→p.36-4
5 袖口の始末をする→図
6 袖をロックミシンでつける→p.71-9
7 袖下〜脇を続けてロックミシンで縫い、スリットの始末をする→p.62-7

【裁合せ図】
表布

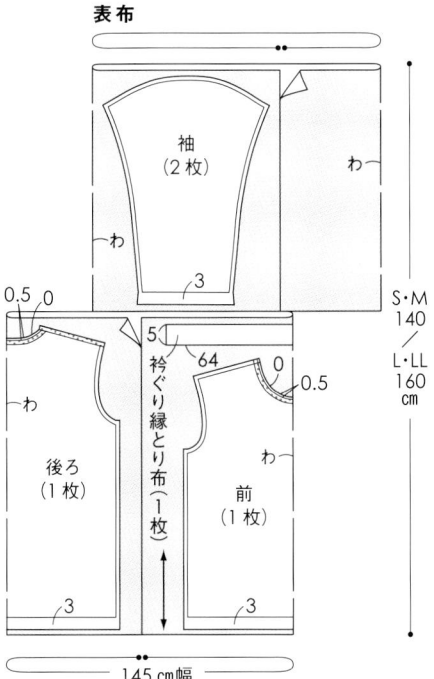

＊＊指定以外の縫い代は1cm
　　は接着テープをはる位置

出来上り寸法　　　　　（単位はcm）

サイズ	S	M	L	LL
バスト	104.3	109.3	114.3	119.3
袖丈	51	52	53	54
着丈	67.5	68.5	69.5	70.5

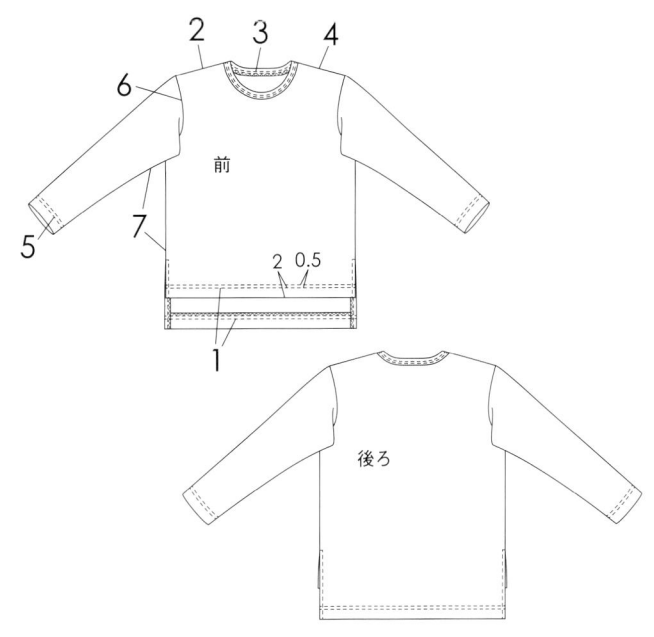

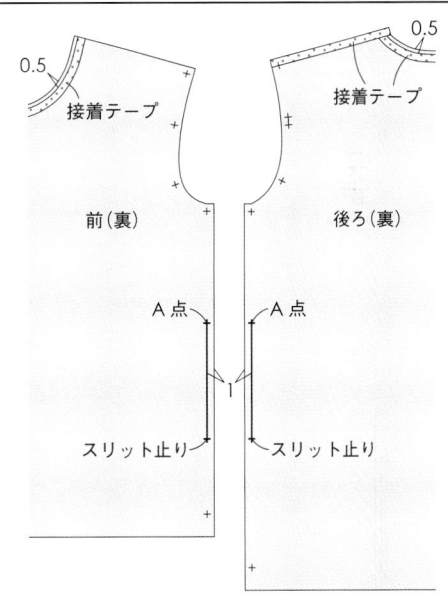

下準備

5 袖口の始末をする

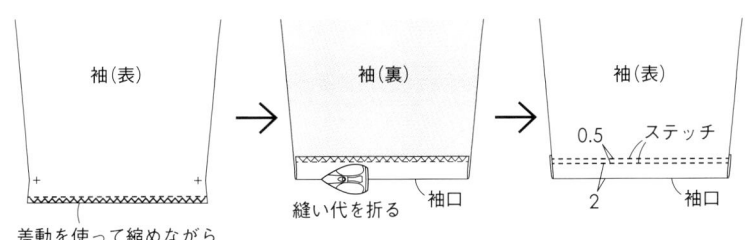

差動を使って縮めながらロックミシン　縫い代を折る　袖口　ステッチ　袖口

p.18、20　実物大パターン4面

【材料】

表布(リヨセル天竺)…145cm幅
(S、M)1m60cm、(L、LL)1m70cm
ゴムテープ…3cm幅
(S)62cm、(M)67cm、(L)72cm、(LL)77cm

【作り方ポイント】

ウエストはヨークを2重にし、間にゴムテープを
入れて裏ウエストヨークにゴムテープを縫いと
める。

【縫い方順序】

1　タックを縫う→図
2　脇をロックミシンで縫う。縫い代は
　　後ろ側に倒す
3　裾の始末をする→図
4　股下をロックミシンで縫う→図
5　股ぐりをロックミシンで縫う→p.40-4
6　ウエストヨークを作る→図
7　ウエストヨークをロックミシンでつける
　　→図

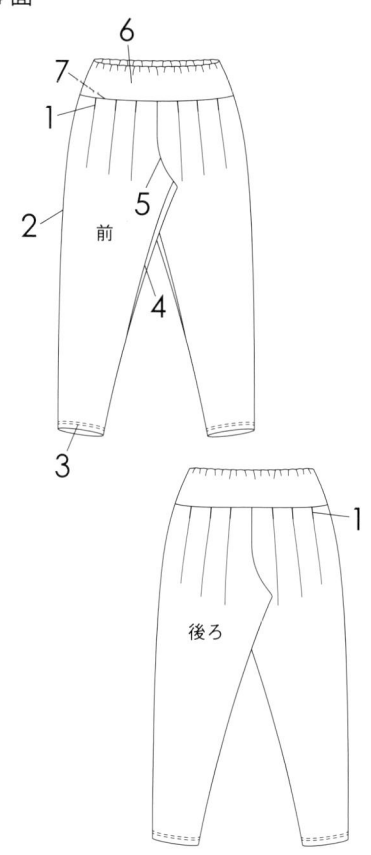

【裁合せ図】

表布

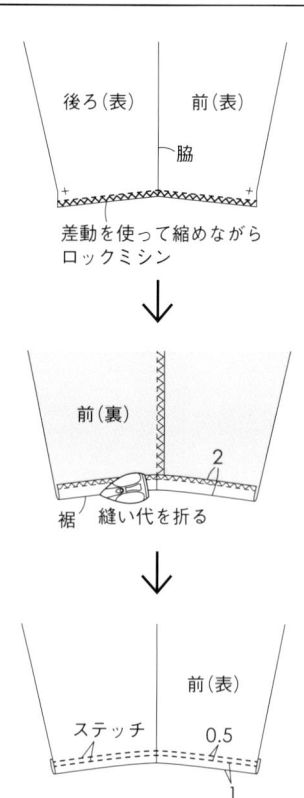

1　タックを縫う

タック分を中表につまんで縫う

前(表)　縫止り

↓

タック分を中心側に倒してアイロン

前(裏)　　後ろ(裏)

出来上り寸法　　　　　　(単位はcm)

サイズ	S	M	L	LL
ウエスト	80	85	90	95
ヒップ	135	140	145	150
パンツ丈	87	88.5	90	91.5

※ウエストはゴムテープをとめる前の寸法

3　裾の始末をする

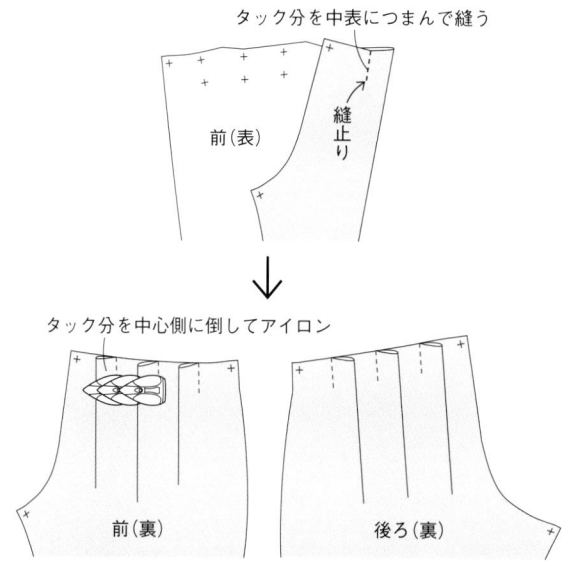

後ろ(表)　　前(表)
脇

差動を使って縮めながら
ロックミシン

↓

前(裏)　　2
裾　　縫い代を折る

↓

前(表)
ステッチ　　0.5
1

4 股下をロックミシンで縫う

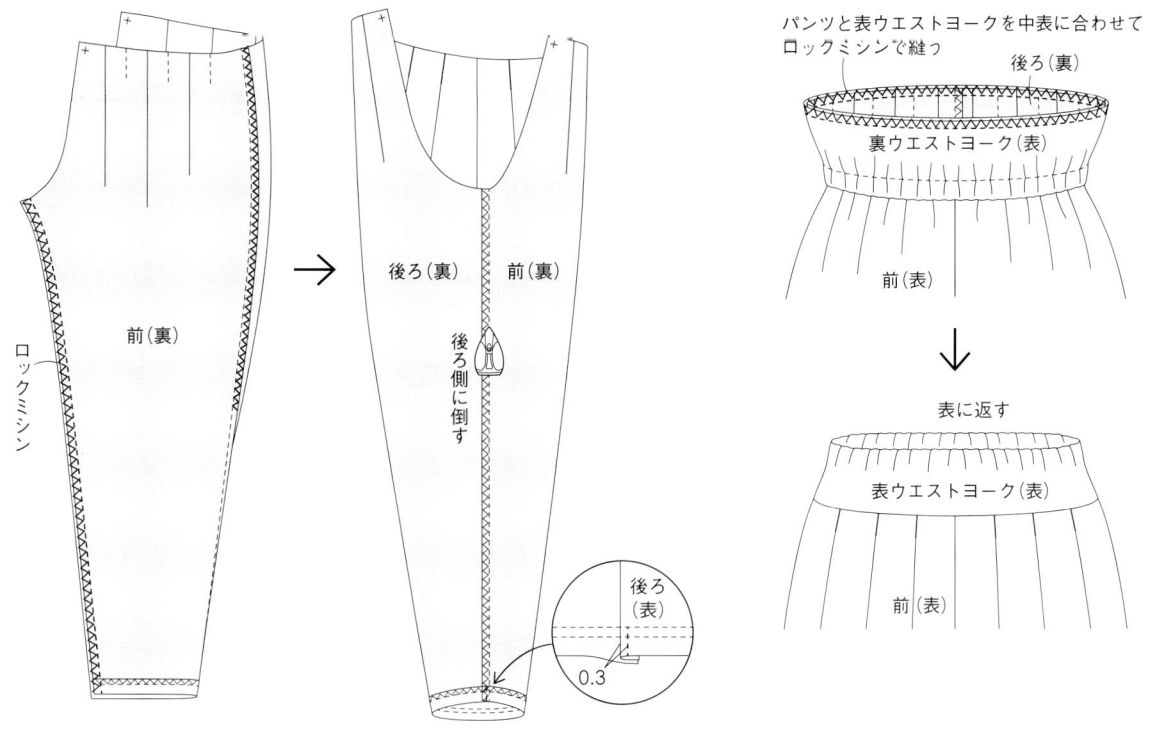

前（裏）

ロックミシン

→

後ろ（裏）　前（裏）

後ろ側に倒す

後ろ（表）

0.3

7 ウエストヨークをロックミシンでつける

パンツと表ウエストヨークを中表に合わせて
ロックミシンで縫う

裏ウエストヨーク（表）

前（表）

↓

表に返す

表ウエストヨーク（表）

前（表）

6 ウエストヨークを作る

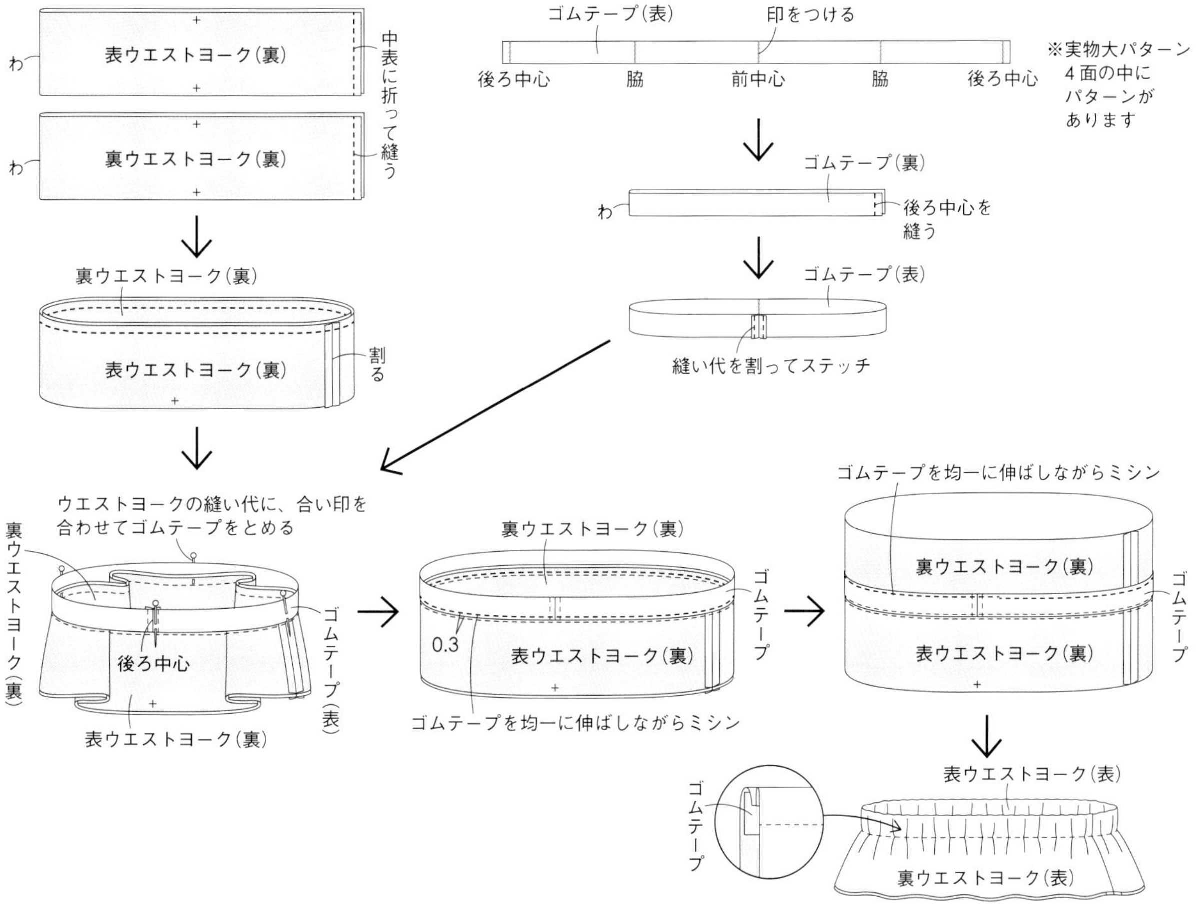

わ　表ウエストヨーク（裏）　＋

わ　裏ウエストヨーク（裏）　＋

中表に折って縫う

↓

裏ウエストヨーク（裏）

表ウエストヨーク（裏）

割る

↓

ウエストヨークの縫い代に、合い印を
合わせてゴムテープをとめる

裏ウエストヨーク（裏）

後ろ中心

表ウエストヨーク（裏）

ゴムテープ（表）

ゴムテープ（表）　印をつける

後ろ中心　脇　前中心　脇　後ろ中心

※実物大パターン
4面の中に
パターンが
あります

↓

ゴムテープ（裏）

わ

後ろ中心を縫う

↓

ゴムテープ（表）

縫い代を割ってステッチ

→

裏ウエストヨーク（裏）

0.3

表ウエストヨーク（裏）

ゴムテープ（表）

ゴムテープを均一に伸ばしながらミシン

→

ゴムテープを均一に伸ばしながらミシン

裏ウエストヨーク（裏）

ゴムテープ

表ウエストヨーク（裏）

↓

ゴムテープ

表ウエストヨーク（表）

裏ウエストヨーク（表）

 p.24　実物大パターン4面

【材料】

表布（ボーダーコットン裏毛）…140cm幅
（S、M）1m40cm、（L、LL）1m50cm
別布（コットンフライス）…60×80cm
接着芯…50×80cm
接着テープ…1cm幅適宜

【作り方ポイント】

表布はボーダー柄の布を横地に使って裁ち、身頃、袖を縦ストライプにする。

【下準備】

・各見返し、飾り布の裏面に接着芯をはる。
・後ろヨーク裏面の肩縫い代、前後の衿ぐりの裏面に接着テープをはる。衿ぐりは出来上り線に合わせて内側にはる。

【縫い方順序】

1 前身頃のダーツを縫う→図
2 後ろ身頃のダーツを縫う→図
3 後ろ身頃とヨークをロックミシンで縫い合わせる→図
4 肩をロックミシンで縫う→図
5 袖のダーツを縫い、袖口の始末をする→図
6 袖をロックミシンでつける→p.71-9
7 袖下～脇を続けてロックミシンで縫う→p.55-7
8 裾の縫い代にロックミシンをかける。ロックミシンは差動を使い、縮めながら縫う
9 前端～衿ぐりを縫い、裾の始末をする→図
10 飾り布をつける→図

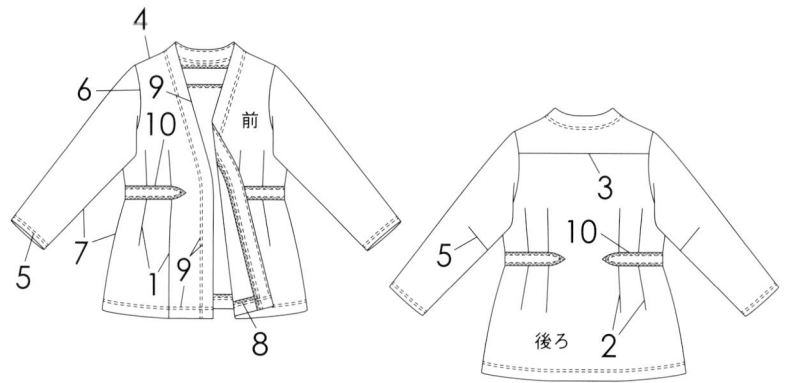

1 前身頃のダーツを縫う

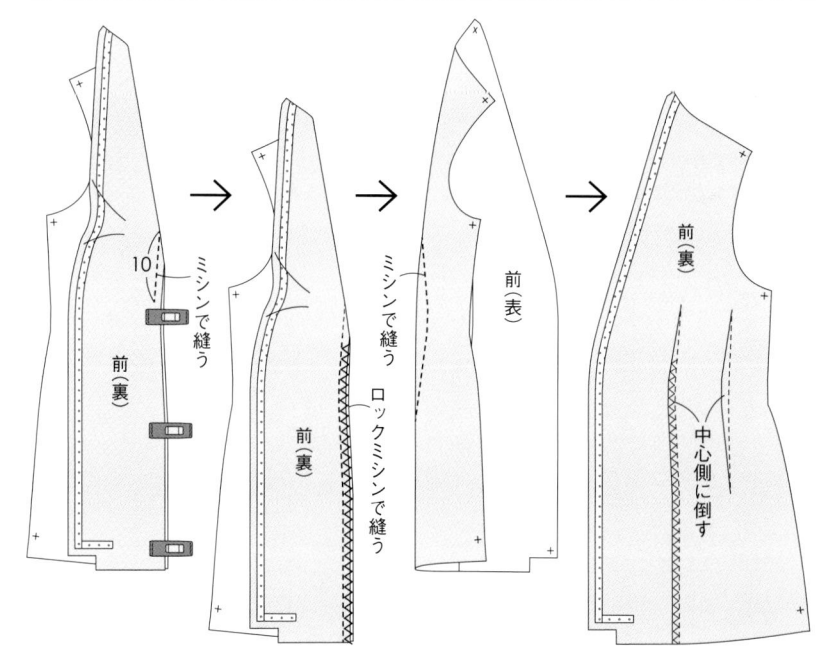

【裁合せ図】

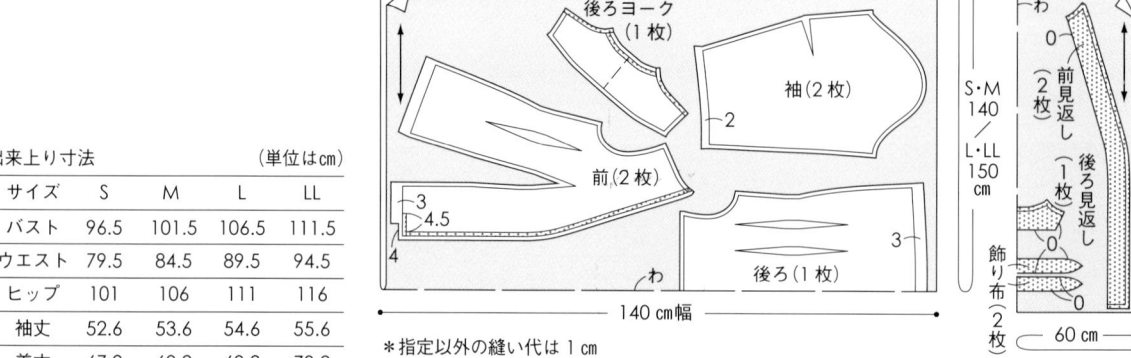

＊指定以外の縫い代は1cm
＊▨は接着芯・接着テープをはる位置

出来上り寸法　　　　（単位はcm）

サイズ	S	M	L	LL
バスト	96.5	101.5	106.5	111.5
ウエスト	79.5	84.5	89.5	94.5
ヒップ	101	106	111	116
袖丈	52.6	53.6	54.6	55.6
着丈	67.2	68.2	69.2	70.2

2 後ろ身頃のダーツを縫う

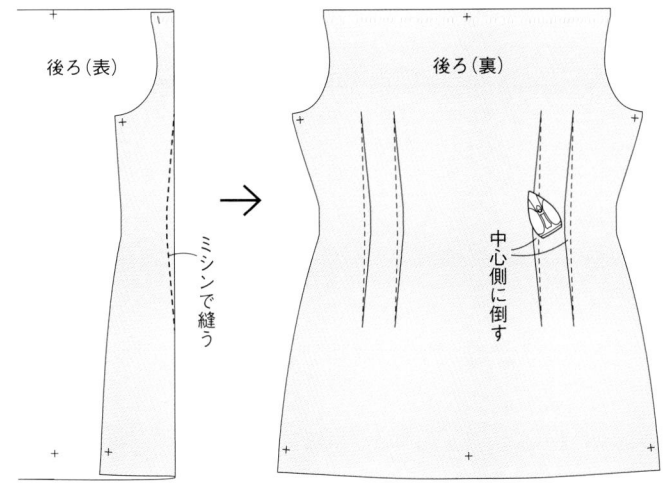

後ろ（表）

ミシンで縫う

後ろ（裏）

中心側に倒す

3 後ろ身頃とヨークをロックミシンで縫い合わせる

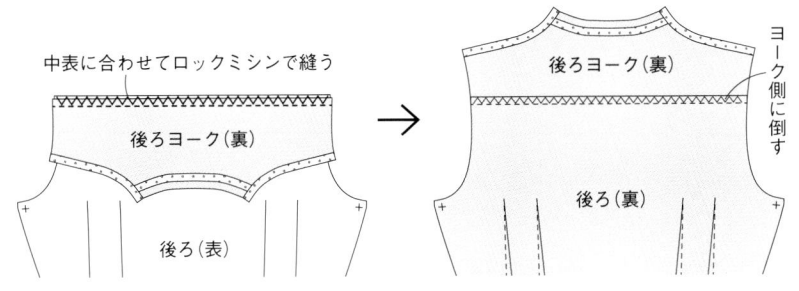

中表に合わせてロックミシンで縫う

後ろヨーク（裏）

後ろ（表）

後ろヨーク（裏）

ヨーク側に倒す

後ろ（裏）

4 肩をロックミシンで縫う

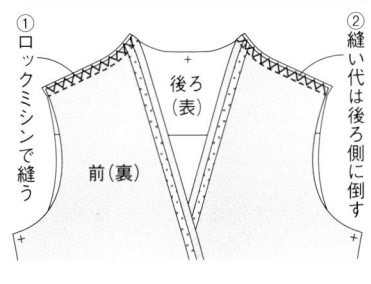

①ロックミシンで縫う

後ろ（表）

前（裏）

②縫い代は後ろ側に倒す

5 袖のダーツを縫い、袖口の始末をする

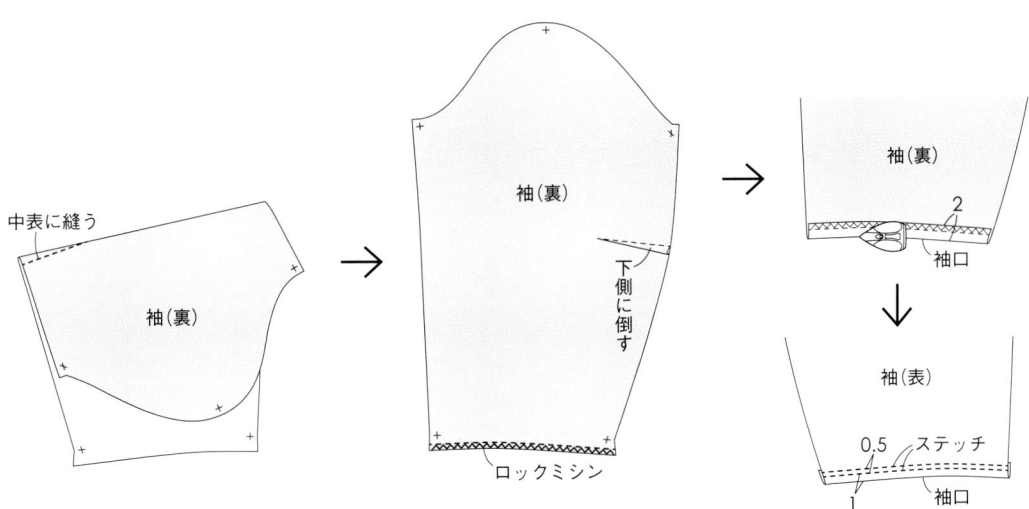

中表に縫う

袖（裏）

袖（裏）

下側に倒す

袖（裏）

袖口

2

ロックミシン

袖（表）

0.5 ステッチ

1

袖口

9 前端〜衿ぐりを縫い、裾の始末をする

後ろ見返し(表)
肩
前見返し(裏)
後ろ見返し(裏)
ロックミシン
割る
前見返し
(表)
前端
見返し(裏)
前(表)
前(表)
0.2
縫い代と見返しにステッチ
前(裏)
見返し(表)
縫えるところまで
縫い代を折る
裾
前(表)
0.5
3.5
0.5
2

10 飾り布をつける

周囲にロックミシン
飾り布(表)
後ろ(表)
脇
前(表)
前端
飾り布(表)
0.5
0.2

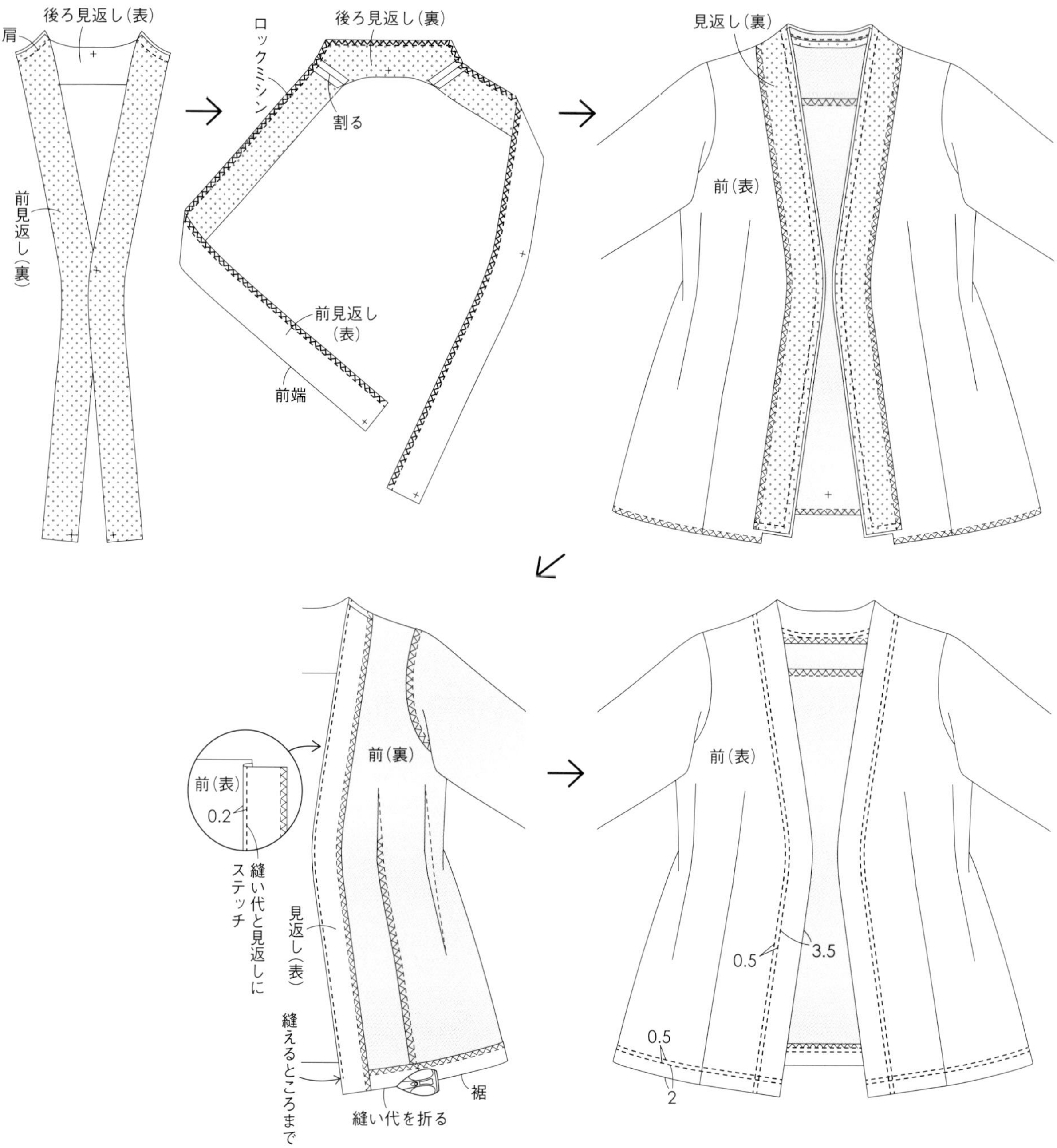

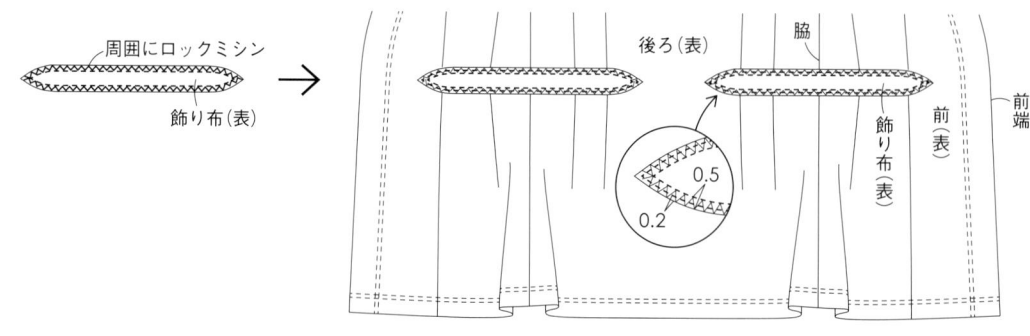

S p.26　実物大パターン1面

【材料】

表布（圧縮ウールニット）…125cm幅
（S、M）1m80cm、（L、LL）1m90cm
別布（圧縮ウールニット）（飾りテープ用）
…10×110cm
接着芯…3×7cm
ゴムテープ…4cm幅
（S）64cm、（M）69cm、（L）74cm、（LL）79cm
ひも…太さ0.5cmを1m70cm

【作り方ポイント】

・脇縫い目、ウエストベルトつけには飾りテープをはさみつける。飾りテープは裁切りで使用するので、飾りテープ布は裁ち端のほつれない布を使用する。飾りテープの縫いはさみ方はp.71を参照。
・裾布は伸ばしながらパンツの裾に縫い合わせるので、必ず伸縮性のあるニット地を使用する。

【下準備】

ウエストベルトのひも通し口位置の裏面に、接着芯をはる。

【縫い方順序】

1 飾りテープをはさんで脇をロックミシンで縫う→図

2 後ろ股下を0.8cm伸ばし、前股下とロックミシンで縫う。縫い代は後ろ側に倒す

3 裾布を縫う→p.49-3

4 裾布をロックミシンでつける→p.49-4

5 股ぐりをロックミシンで縫う→p.39-4

6 ウエストベルトを作る→p.49-6

7 ウエストベルトをつける→p.45-7
　ただし表ウエストベルトつけミシンをかけるときに、パンツとウエストベルトの間に飾りテープをはさんで縫う

8 ウエストベルトにひもを通す。
　ひもの端はひと結びする、糸でかがる、ループエンドをつけるなど好みの方法で始末する

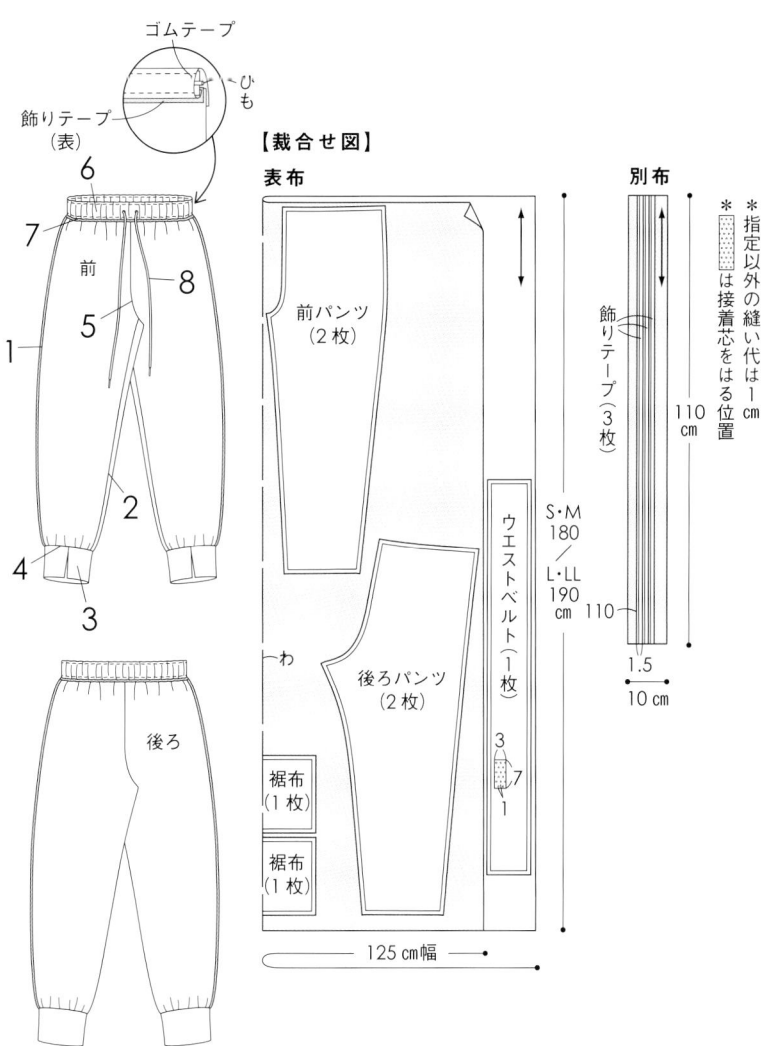

【裁合せ図】

表布

前パンツ（2枚）
後ろパンツ（2枚）
ウエストベルト（1枚）
裾布（1枚）
裾布（1枚）
S・M 180
L・LL 190cm 110
125cm幅

別布

飾りテープ（3枚）
110cm
1.5　10cm

※指定以外の縫い代は1cm
※　　は接着芯をはる位置

1 飾りテープをはさんで脇をロックミシンで縫う

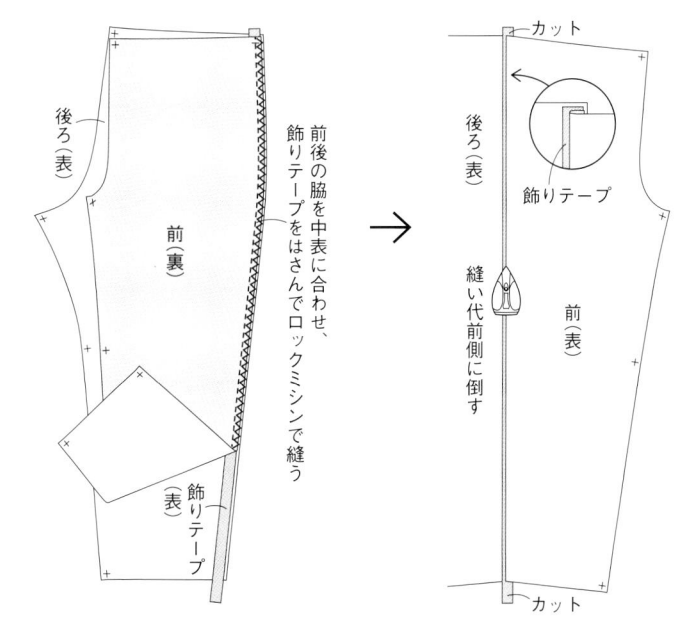

前後の脇を中表に合わせ、飾りテープをはさんでロックミシンで縫う

後ろ（表）
前（裏）
飾りテープ（表）

カット
後ろ（表）
飾りテープ
前（表）
縫い代前側に倒す
カット

出来上り寸法				（単位はcm）
サイズ	S	M	L	LL
ウエスト	90	95	100	105
ヒップ	94	99	104	109
パンツ丈	94.8	96.3	97.8	99.3

※ウエストはゴムテープを入れる前の寸法

r

p.26　実物大パターン3面

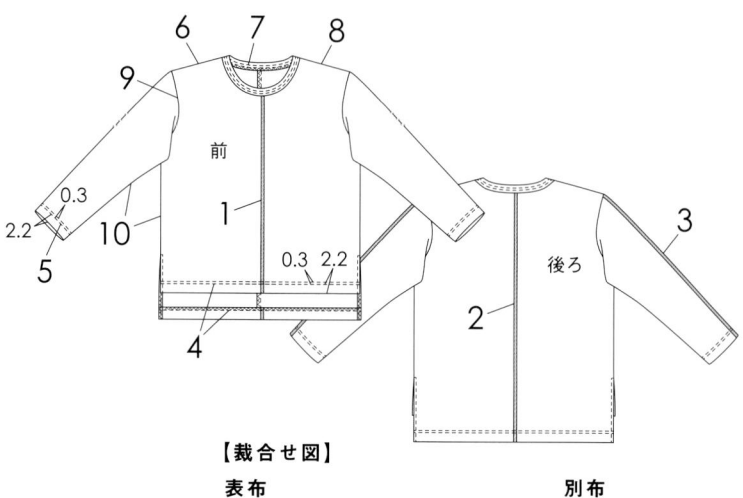

【材料】

表布（圧縮ウールニット）…125cm幅
（S、M）1m50cm、（L、LL）1m60cm
別布（圧縮ウールニット）（飾りテープ）…10×80cm
接着テープ…1cm幅適宜

【作り方ポイント】

前中心、後ろ中心、袖中心には別布の飾りテープ
を縫いはさむ。飾りテープは裁切りで使用するの
で、飾りテープの布はほつれない布を選ぶ。

【下準備】

・前身頃、後ろ身頃裏面の脇スリット位置に、脇
縫いのための印をつける。→図
・後ろ身頃裏面の肩縫い代、前後の衿ぐりの裏
面に接着テープをはる。衿ぐりは布端の0.5cm内
側にはる。→図

【縫い方順序】

1　飾りテープをはさんで前中心をロックミシンで
　　縫う→写真プロセス

2　飾りテープをはさんで後ろ中心を
　　ロックミシンで縫う。縫い代は右身頃側に倒す

3　飾りテープをはさんで袖中心をロックミシンで
　　縫う→図

4　前身頃、後ろ身頃の裾の始末をする→p.34-1
　　ただしステッチは2.2cm幅、0.3cm幅でかける

5　裾と同じ要領で袖口を始末する

6　右肩をロックミシンで縫う→p.35-2

7　衿ぐりの縁とりをする→p.59-3

8　左肩をロックミシンで縫う→p.36-4

9　袖をロックミシンでつける→図

10　袖下〜脇を続けてロックミシンで縫い、
　　　スリットの始末をする→図

【裁合せ図】

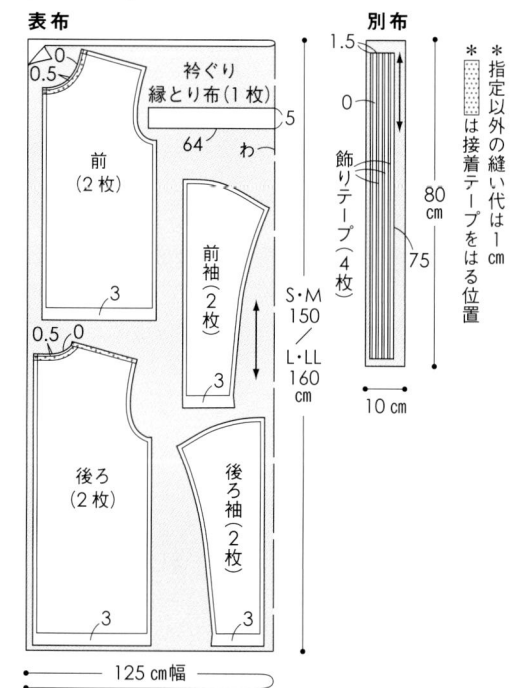

下準備

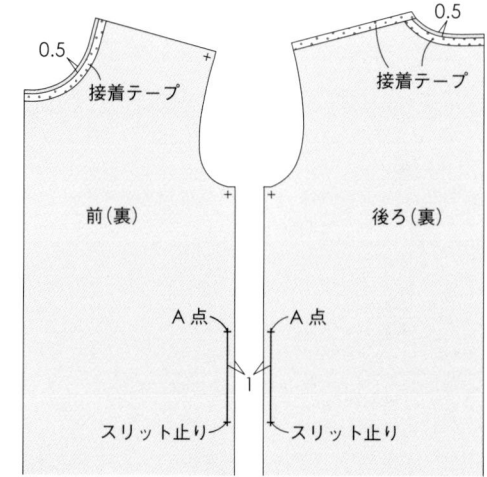

出来上り寸法				(単位はcm)
サイズ	S	M	L	LL
バスト	100.3	105.3	110.3	115.3
袖丈	51	52	53	54
着丈	67.5	68.5	69.5	70.5

1 飾りテープをはさんで前中心をロックミシンで縫う

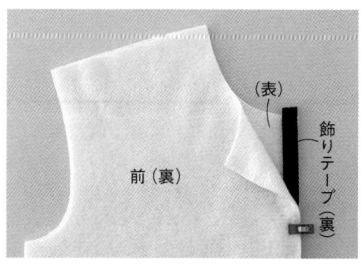
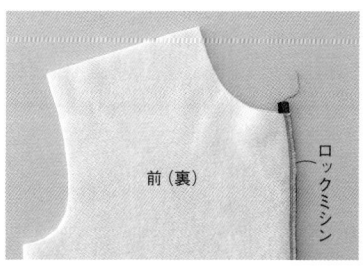
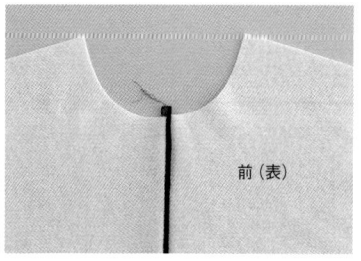

1 左右の前身頃の前中心を中表に合わせ、間に飾りテープをはさんで3枚の縫い代端をそろえてソーイングクリップでとめる。

2 布端を0.3cm程度カットしながら前中心をロックミシンで縫う。

3 前中心表面の飾りテープを左身頃側に倒し（縫い代は右身頃側に倒す）、アイロンで整える。

3 飾りテープをはさんで袖中心をロックミシンで縫う

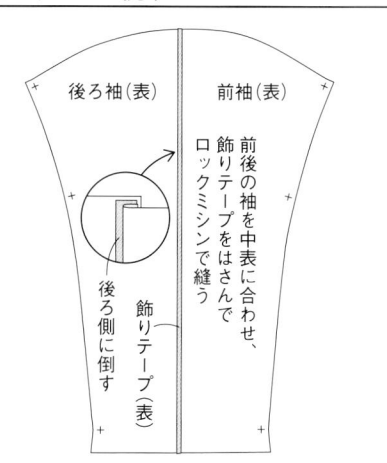

後ろ袖（表）　前袖（表）

前後の袖を中表に合わせ、飾りテープをはさんでロックミシンで縫う

後ろ側に倒す

飾りテープ（表）

9 袖をロックミシンつける

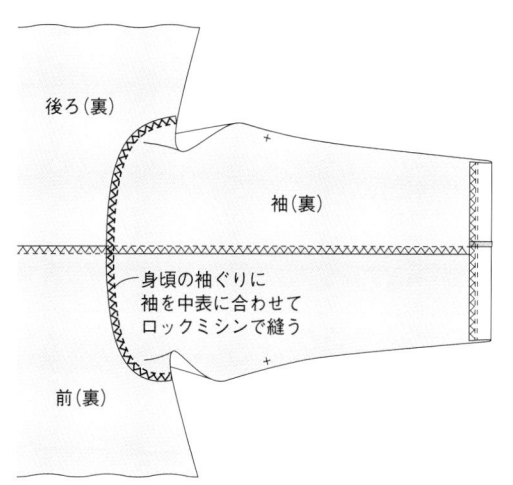

後ろ（裏）

袖（裏）

前（裏）

身頃の袖ぐりに袖を中表に合わせてロックミシンで縫う

10 袖下〜脇をロックミシンで縫い、スリットの始末をする

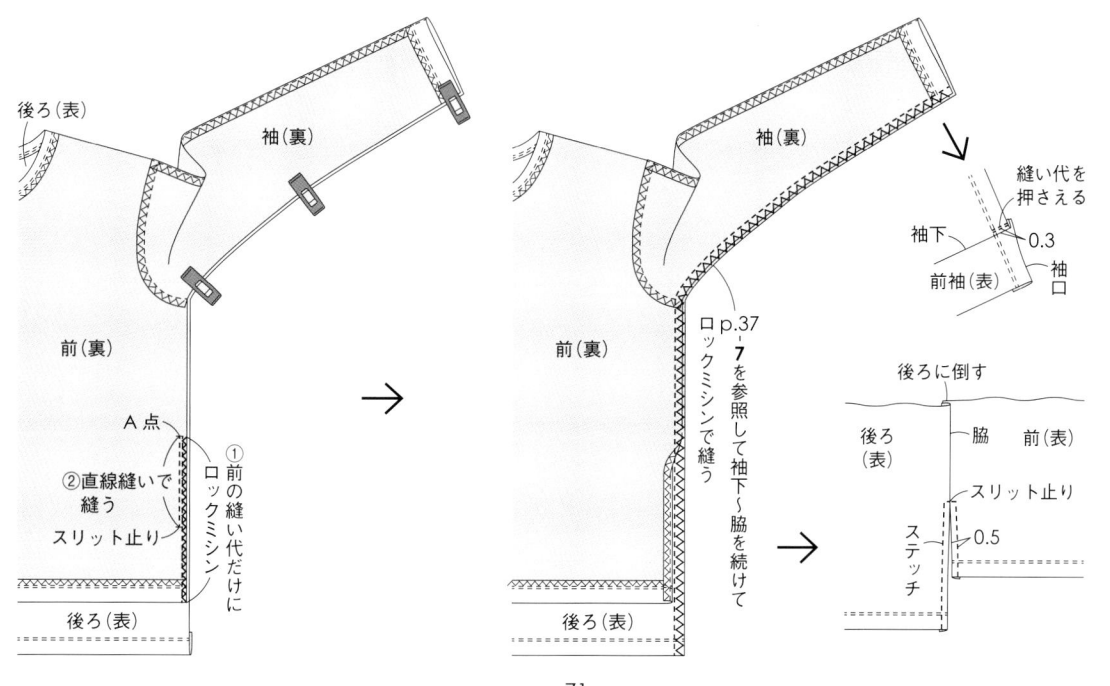

後ろ（表）　袖（裏）

前（裏）

A点

②直線縫いで縫う

スリット止り

①前の縫い代だけにロックミシン

後ろ（表）

袖（裏）

前（裏）

□p.37 **7** を参照して袖下〜脇を続けてロックミシンで縫う

縫い代を押さえる

0.3

袖下　　前袖（表）　袖口

後ろに倒す

後ろ（表）　脇　前（表）

スリット止り

0.5

ステッチ

高田祐子 TAGE & SÖN

文化服装学院卒業。国内ブランドを経て渡英。ロンドンの kei kagami Ltd. にて
デザイナーアシスタントとして働く。帰国後、自身のブランド「TAGE（タージュ）」をスタート。
他に、アパレル企業・百貨店へのデザイン提供、ソーイングブックの執筆をしている。
2020年には自身のヨガ経験を生かしたカットソーブランド「SÖN（ソン）」をスタート。
女性の多様なライフスタイルに寄り添うクリエーションを行なっている。
複数のヨガ、ピラティスのインストラクターの資格を所有し、
本書ではポーズ監修も行なっている。

https://the-another-concept-store.myshopify.com/

伸縮素材×ロックミシンの
シンプルウェア

2023年3月4日　　第1刷発行
2023年3月13日　　第2刷発行

著　者　　　高田祐子
発行者　　　清木孝悦
発行所　　　学校法人文化学園 文化出版局
　　　　　　〒151-8524 東京都渋谷区代々木 3-22-1
　　　　　　tel.03-3299-2487（編集）
　　　　　　tel.03-3299-2540（営業）
印刷所・製本所　　株式会社文化カラー印刷

文化出版局のホームページ
https://books.bunka.ac.jp/

布地提供　　　　OFFICE・J・TAKADA
　　　　　　　　https://the-another-concept-store.myshopify.com/

協力　　　　　　ベビーロック
　　　　　　　　tel.03-3265-2851
　　　　　　　　https://www.babylock.co.jp

　　　　　　　　クロバー[お客様係]
　　　　　　　　tel. 06-6978-2277
　　　　　　　　https://clover.co.jp

ブックデザイン　　関口良夫（salt*）
撮影　　　　　　馬場わかな
　　　　　　　　安田如水（文化出版局/ p.28~40, 46~72）
スタイリング　　　高田祐子
モデル　　　　　エモン美由貴
ヘア＆メーク　　廣瀬瑠美
作り方解説　　　百目鬼尚子
デジタルトレース　宇野あかね（文化フォトタイプ）
CADグレーディング　上野和博
DTP製作　　　　文化フォトタイプ
校閲　　　　　　向井雅子
編集　　　　　　平山伸子
　　　　　　　　三角紗綾子（文化出版局）